Wenn der Computer Geschichten macht

Erich Pawlu

Wenn der Computer Geschichten macht

Heiteres zum Elektronik-Zeitalter

Markt&Technik Verlag

CIP-Kurztitelaufnahme der Deutschen Bibliothek

Pawlu, Erich:
Wenn der Computer Geschichten macht : Heiteres zum Elektronik-Zeitalter / Erich Pawlu. -
Haar bei München : Markt-und-Technik-Verlag, 1986.
ISBN 3-89090-378-9

15 14 13 12 11 10 9 8 7 6 5 4 3
89 88

ISBN 3-89090-378-9

Einbandgestaltung: Grafikdesign Heinz Rauner
Druck: Schoder, Gersthofen
Printed in Germany

Inhalt

Tragödien am Keyboard

Nachthemd und Datenschutz

Der Autor zeigt, wohin das alles führt

Meine Tochter ist ein modernes Mädchen. Zu ihrem achtzehnten Geburtstag wünschte sie sich »ein echt total irres« Nachthemd. Sie wählte im Versandhauskatalog die Creation »Süßer Traum«, füllte den Bestellschein aus und gab mich als zahlungswilligen Käufer an. Ich brauchte nur noch mein Geburtsdatum einzusetzen und zu unterschreiben. Damit nahm das Unglück seinen Lauf. Nach vierzehn Tagen schrieb mich der »Club der reifen Lebenskünstler« an, pries mich als erfahrenen Kenner weiblicher Schönheit und lud mich zu einer exklusiven Pariser Wäscheschau ein. Alle Clubmitglieder sowie die Modelle Coco und Laila sähen meiner Teilnahme mit großen Erwartungen entgegen.

Wenige Tage später erreichte mich ein spektakulärer Katalog der Beratungsgesellschaft »Eros«. Der Begleittext auf lilafarbenem Papier versicherte, daß ich auch im anbrechenden Herbst meines Lebens nicht verzagen müsse. Glücklicherweise besäße ich ja einen ausgeprägten Sinn für Erotik. Man wolle mir mit Rat und Tat sowie mit über zweitausend Artikeln zur Seite stehen.

»Wie kannst du nur so was kommen lassen! Mit deinen fünfzig Jahren«, sagte meine Frau Gisela vorwurfsvoll.

Ich versuchte mich zu verteidigen. »Man hat mich auf irgendeinem Computerband als alternden Playboy gespeichert. Oder als großzügigen Herrn für schöne Stunden. Wenn ein Fünfzigjähriger ein total irres Traumnachthemd Größe 36 bestellt, dann ziehen die EDV-Burschen sofort ihre Schlüsse. Und nun tauschen die verschiedensten Firmen diese Information über dunkle Kanäle aus. Verstehst du?«

Aber Gisela vertraute nicht mir, sondern dem staatlichen Datenschutz. Wütend entschloß ich mich, gegen die Fehldeutung meines Charakters anzukämpfen. Ich schrieb den reifen Lebenskünstlern, daß sie sich für ihre zweifelhaften Veranstaltungen gefälligst einen anderen suchen sollten. Und beim Erosberater protestierte ich brieflich gegen die Zusendung des Katalogs und gegen die Unterstellung, daß ich seine zweitausend Artikel benötige.

Das hätte ich lieber nicht tun sollen. Die Art meines gerechten Zorns wurde offenbar sofort in eine andere EDV eingespeist. Eine Flut von weißen und himmelblauen Briefen begrüßte mich als unerschrockenen Kämpfer gegen den Sittenverfall unserer Epoche. Mindestens fünf rechtschaffene Vereinigungen drängten mich, das Gute in der Welt mit monatlichen Beiträgen zu unterstützen.

Ich reagierte total sauer. Daraufhin kam es prompt zu Stockungen in meiner beruflichen Laufbahn. Obwohl ich zur Beförderung anstand, ging mein Chef eines Tages mit seinem verschlossensten Gesicht an mir vorbei und gratulierte Herrn Zimischl zum Senkrechtstart in die abteilungsleitende Funktion.

Ich war gekränkt. In einem Vieraugengespräch erinnerte ich an meine Firmentreue, meine freiwilligen Überstunden und meine Pünktlichkeit.

»Aber mein Lieber!« sagte der Direktor. »Ihre fachliche Qualifikation steht doch überhaupt nicht zur Debatte. Als Großunternehmen verfügen wir eben über ein paar zusätzliche Informationen.

»Was soll das heißen?« fragte ich.

»Na ja. Unsere Abteilungsleiter sollten nun wirklich nicht mit halbseidenen Typen korrespondieren und moralisch saubere Institutionen dagegen mit schweigender Verachtung strafen.«

Kleine Programmfehler

Täglich erobert der Mikro neue Lebensbereiche. Dabei werden kleine Programmstörungen, die zumeist auf menschliches Versagen zurückzuführen sind, nur selten ernst genommen. Der fehlerfreie Einsatz von Computern kann aber das Wohlbefinden von Mitmenschen stark beeinträchtigen. Das beweisen die hier berichteten Beispiele.

Hundefrisur

In meinem Frisiersalon möchte ich den Mikro nicht mehr missen. Ich berechne Augenabstand, Kopfumfang, Stirnhöhe, Ohrenstellung und Haarstruktur jeder Kundin, codiere die Ergebnisse und gebe sie in den Computer ein. Eine spezielle Software programmiert die individuelle Frisur für den jeweiligen Typ. Der Mikroprozessor steuert sogar die Temperatur der Kopfwäsche, bestimmt die optimale Größe der Lockenwickler und die Dauer des Fönens. Meine Kundschaft ist sehr zufrieden, weil sie bei mir nicht über einen Kamm geschoren wird.
Nur ein einziges Mal kam es zu einem bedauerlichen Zwischenfall: Mein achtjähriger Sohn ermittelte mit Hilfe des Mikros die beste Frisur für unseren Zwergpudel, speicherte die Daten ein und vergaß, das Programm zu löschen. So kam es, daß meine prominenteste Kundin, die Frau unseres Bürgermeisters, durch eine Zwergpudelfrisur stark verändert wurde und seitdem bei jeder Gelegenheit gegen das Computerzeitalter wettert.

Egon Borst, Frisiersalon-Inhaber

Beschwerde

Unser Urlaubscamp am Meer ist ohne Computer überhaupt nicht mehr denkbar. Wenn unsere Gäste eintreffen, legen wir ihnen einen ausgeklügelten Fragebogen vor, der die Wunschvorstellungen der sonnenhungrigen Touristen auskundschaftet. Diese Angaben überlassen wir dem Mikro zur Verarbeitung. Ein vom Plotter ausgedruckter Urlaubspaß empfiehlt jedem Kunden eine elektronisch abgestützte Strategie zur Vermeidung von Langeweile.
Ein einziges Mal unterlief uns eine Panne: Ein Amtmann aus Düsseldorf, der wegen vorübergehenden kühlen Wetters auf der Fragenliste um die Bereitstellung eines Tauchsieders gebeten hatte, wurde vom Computer versehentlich der Tauchergruppe zugeteilt und setzte sich, bar jeder Erfahrung, auf einen Seeigel. Nun prozessiert er gegen uns mit der Begründung, daß die Qualität seiner Verwaltungsarbeit unter anhaltenden Sitzschwierigkeiten leide.

Michel Vermeeren, Urlaubsanimateur

Falsche Größe

Mein Verein schwört auf die Vorzüge des Computers. Als Kaninchenzüchter legen wir größten Wert auf überregionale Anerkennung. Seit unser Züchtungskonzept von einem Mikro ermittelt wird, halten wir den Europatitel in »Klein Widder schwarz«, und mit »Weißer Neuseeländer« wurden wir Bundesmeister.
Nur ein einziges Mal irrte sich der Computer. Nachdem wir die Software mit den respekteinflößenden Stammbäumen unserer Kaninchen, mit den großartigen Zuchtzielen und mit den Daten unseres gewaltigen Ehrgeizes vollgespeichert hatten, empfahl uns der Mikro, eine Abteilung zur systematischen Züchtung von Elefanten anzugliedern. Das sei ein Großprojekt, das unseren Erwartungen und unseren hochgesteckten Vereinsgrundsätzen voll entspreche. Die Mehrheit der Züchter sprach sich allerdings dafür aus, diesen elektronischen Rat in den Wind zu schlagen.

Knut Groß-Silber, Vorsitzender des Kaninchenzuchtvereins Fertility

Abkühlung

Meine Idee, einen Badewannen-Computer zu bauen, hat sich im Prinzip bestens bewährt.

Nach Messung meiner Körpertemperatur, meines Herzschlags, der äußeren Witterungsverhältnisse und des Staubbelags auf meinen Fingerkappen errechnet der Mikro die optimale Dauer des Badeprozesses und die empfehlenswerte Wasserwärme.
Leider treten einige Störungen auf, seit im Appartement über mir Fräulein Haduweit eingezogen ist. Tatjana Haduweit ist Solistin im Gesangsverein »Freiklang« und Schönheitskönigin des örtlichen Faschingsklubs. Sobald in unserem Block zur Einleitung des Wochenendes das allgemeine Baden beginnt, lasse auch ich das Wasser einlaufen. In diesem Augenblick stimmt Tatjana in der Wanne über mir die Puccini-Arie an: »Ich stelle mich nur schlafend, weil ich gern mit dir allein wollt bleiben. Ich hab so viel dir, ach so viel zu sagen.« Stimme und Text erhitzen meine Phantasie und erhöhen meine Körpertemperatur. Leider reagiert der Computer sofort und serviert mir ein eiskaltes Bad.

Friedrich Kumke, Junggeselle

Polterabend im elektronischen Zeitalter

Ich bin kein Mitgiftjäger. Trotzdem war ich gespannt, was meine Braut mit in die Ehe bringen würde.
Heiratswillige Männer werden immer rarer. Deshalb war ich überzeugt, daß Kathrin in einem schwer beladenen Möbelwagen anreisen würde. Aufgetürmte Bettwäsche und bauschige Handtücher, Schränke voller Kleider und Truhen voller Tafelsilber verleihen schließlich einem Polterabend erst den richtigen Rahmen.
Aber Kathrin fuhr in einem Mittelklassewagen vor, stieg aus und trug nur ein kleines Köfferchen.
»Aktien?« fragte ich und küßte meine Braut nur ganz kurz, um die Antwort nicht zu lange zu verzögern. »Aber nein«, lachte Kathrin. »Das ist mein Handheld.«
Ich verstand nichts, aber ein Bräutigam, der sich mit männlicher Zielstrebigkeit auf den Polterabend eingestellt hat, bittet seine Freundin nicht gern um Aufklärung.
Glücklicherweise öffnete Kathrin das Köfferchen ohne besondere Umstände. Es enthielt einen batteriebetriebenen Computer, Kathrins einzige Mitgift.
Meine Braut sah mir die Enttäuschung an. »Du wirst staunen, was der Handheld leistet«, sagte Kathrin. »Da können wir bis in die Nächte hinein mühelos planen, kalkulieren und terminieren.«
Diese Aussichten entsprachen nicht ganz meinen Vorstellungen. Verdrossen saß ich da, als Kathrin das Floppylaufwerk, das Flüssigkristall-Display und den 16-KByte-Arbeitsspeicher erläuterte. Mein Sprachschatz verengte sich auf den Begriff »Möbelwagen«.
»Der Handheld ist die Basis für eine glückliche Ehe«, sagte Kathrin und eröffnete das Polterabendprogramm mit einer Einführung in die Geheimnisse des Computerzeitalters. Sie verriet das Paßwort, versuchte mir die Grundlagen der Textverarbeitung und Datenverwaltung nahezubringen, und als ich sogar beim Alarm/Wake-Signal verstockt blieb, ging sie zu Spielprogrammen über.
Der Ärger steigerte meinen Mut. »Glaubst du wirklich«, fragte ich ironisch, »daß uns dein Computer die Bettwäsche und die Handtücher ersetzt?«
Nicht einmal in diesem Augenblick verlor Kathrin die Geduld. Offenbar hatte sie sich auf den Polterabend menschlich und mikroelektronisch sehr gut vorbereitet. Sie zauberte deprimierende Zahlen und Fakten auf den virtuellen Bildschirm.
Zuerst erschien eine statistische Berechnung von Kathrins Heiratschancen, denen meine stark eingeschränkte Vermittelbarkeit auf dem Partnermarkt gegenübergestellt wurde. Ein Hinweis auf den durchschnittlichen Intelligenzquotienten des deutschen Mannes wurde mit dem Index meines geistigen Leistungsvermögens verglichen. Ich schwieg betreten. Schließlich führte mir Kathrin eine klargetextete Berechnung meiner bescheidenen beruflichen Aussichten vor Augen, und kontrastierend erschienen Karriereoptionen, die sich Kathrin mit ihrem Computerwissen sicherte. Das Wort »Möbelwagen« verschwand aus dem Wortspeicher meines Gehirns.
Statt dessen formte sich dort die Frage, ob ich nicht das traditionelle Polterabend-Brauchtum einhalten und Scherben erzeugen sollte. Da eine Porzellanaussteuer fehlte, hätte ich mich mit Computerscherben zufrieden gegeben.
Aber inzwischen hatte Kathrin dem Handheld ein neues Kommando gegeben. Musik erklang aus dem Gerät. »Melodien für zärtliche Stunden«, sagte meine Braut.
Da fügte ich mich in den Ablauf des softwaregesteuerten Polterabends und in eine Ehe auf Computerbasis. Während ich »Stranger in the Night« mitsummte, schien es mir, als wäre ich in einen Handheld verwandelt worden, der auf Kathrins Kommando erstmals programmgemäß reagiert.

Ein Virus im PC

»Sie brauchen das Schwert gar nicht einzustecken, Herr Siegfried. Soeben haben wir einen neuen Auftrag erhalten. Man benötigt Ihre Unerschrockenheit beim Kampf gegen einen PC-Virus.«

Aus »Die Gartenlaube« von 1892, neu getextet von Erich Pawlu

Emil Haduweit erledigte in seinem Büro nur bescheidene Aufgaben. Deshalb genoß er auch nur bescheidene Freuden. Als aber die Firma Adam Risickel den Sprung ins elektronische Zeitalter wagte, gelangte Emil Haduweit zu einem neuen Lebensgefühl.

»Hier ist Ihr Personal Computer«, sagte Firmenchef Adam Risickel, während zwei ächzende Männer das Gerät auf den Schreibtisch hievten. »Wir arbeiten im DV-Verbund. Ab sofort sind Sie mit Fräulein Abentau verkoppelt. Sie beide werden von der gleichen Systemsoftware gespeist.«

Irene Abentau saß ein paar Türen weiter in einem Zimmer, das als »Spiegelsaal« einen legendären Ruf genoß. Denn diese Risickel-Mitarbeiterin steigerte ihre Arbeitslust durch kurzfristig aufeinander folgende Blicke in mehrere Spiegel. Neben ihren neuen PC stellte sie sofort einen passenden, ergonomisch gestylten Spiegel und produzierte beim Einstieg in die Epoche der Elektronik zuallererst ein perfektes Make-up. Dann begann Irene Abentau gleichmütig auf dem Keyboard zu spielen.

In Emil Haduweits Seele ging es viel dramatischer zu. Das Bewußtsein, daß er mit Irene Abentau ständig vernetzt war, motivierte ihn zu außergewöhnlichen Anstrengungen. Ihm schien es, als könne er mit der Beherrschung seines Computers auch Macht über das farbenfroh blühende Mädchen am anderen Ende des Kabels gewinnen. Haduweit entwickelte sich zum Informatik-As der Firma. Er ließ seinen Computer kalkulieren, bilanzieren, spekulieren und kontrollieren, daß sogar Adam Risickel eine Gehaltserhöhung für seinen Hightech-Star ins Auge faßte.

Dieser, auf dem Gipfel seiner Laufbahn angelangt, erwog hingegen einen dynamischen Vorstoß in den Spiegelsaal, um dort sein technologisches Prestige in die Waagschale und sich selbst in Irene Abentaus Arme zu werfen.

Aber in dieser Phase seiner Aktivitäten ereilte ihn die Katastrophe, als wäre er der Held eines klassischen Dramas. Emil Haduweit, dem am Computer alles gelang, wollte seine Attacke auf die Make-up-Königin im Spiegelsaal elektronisch vorbereiten. Es machte ihm keine Schwierigkeit, eine direkte Kabelkommunikation mit Irene Abentau herzustellen. Sofort tippte er eine höchst individuelle Liebeserklärung in die Tastatur, um sie mit Lichtgeschwindigkeit über die Zentraleinheit in den Spiegelsaal zu schießen.

Aber schon bei der Anrede »Liebe Irene Abentau!« reagierte sein Computer höchst eigenwillig, produzierte auf dem Bildschirm

Zahlenketten, ließ das Wort »Liebe« in endloser Reihe erscheinen, als wäre das Wort kein Ausdruck für zarte Gefühle, sondern ein Code für militärische Marschordnungen.
Emil Haduweit war zuerst verwirrt und dann verzweifelt. Auch beim nächsten Versuch reagierte der PC höchst allergisch auf das Wort »Liebe«. Anfangs wollte Emil das Gebrechen seines Systems geheimhalten. Aber tags darauf wurde er beauftragt, Serienbriefe zu schreiben. Alle Texte begannen mit der Anrede »Liebe Risickel-Kunden«. Der Computer lehnte das Wort »Liebe« abermals ab, spielte total verrückt und füllte den Bildschirm mit irrwitzigem Geschreibsel.
Da flehte Haduweit um Hilfe. Zwei wortkarge Männer vom Wartungsdienst erschienen, tippten mit düsteren Mienen das Wort »Liebe« ein, staunten über die wütenden Reaktionen des Geräts und erklärten sich für nicht zuständig.
Daraufhin kam ein Systemexperte, sah sich das Malheur an und stellte die Diagnose: »Sie haben einen Virus im Computer. Irgend jemand hat Ihre Systemsoftware infiziert. In Verdacht kommen nur Personen, die Zugang zu Ihrem PC-Netz haben. Das Virusprogramm ist so eingespeist worden, daß sich bei Eingabe einer bestimmten Zeichenfolge sinnlose Schleifen ergeben.«
Natürlich hatte Emil Haduweit sofort einen dringenden Verdacht. Immer wenn er Irene Abentau begegnete, sah er ihr mißbilligend in die blau umschatteten Augen. Aber das Gesicht der Mitarbeiterin blieb schön und klar gezeichnet.
Es dauerte eine Weile, bis das Basisprogramm neu geschrieben war. Bis dahin durfte der Risickel-Computer nicht mit »Liebe« konfrontiert werden. Allmählich begann Emil das Wort zu hassen. Und so kam es, daß ihm der Virus im PC auch die Liebe zu Irene Abentau austrieb.

Sprung in die Zukunft

»Bitte nur ein ganz zartes Küßchen, Erwin! Du weißt ja, wie unberechenbar mein Personal Computer reagiert, wenn ich mich elektrisch aufgeladen ans Keyboard setze.«

Aus »Die Gartenlaube« von 1875, neu getextet von Erich Pawlu

»Bei uns ist das vollelektronische Büro beschlossene Sache«, sagte Herr Dünnhammer, unser Chef. »Wir können nicht ewig der Konkurrenz hinterherhinken. Irgendwann muß der entscheidende Schritt erfolgen.« Der entscheidende Schritt war für Aschermittwoch geplant. Betriebspsychologisch war das - so schien es - ein optimaler Termin. Denn erfahrungsgemäß steigert sich mit dem Anbruch der Fastenwochen die Fähigkeit des Büromenschen, sein Augenmerk auf die ernsten Dinge des Lebens zu richten. Am Aschermittwochmorgen fanden wir unsere Arbeitsplätze völlig verändert vor. Die neuen Kabel zwischen unseren Schreibtischen erinnerten lediglich ein paar promillehaltige Kollegen an die Luftschlangen der vergangenen Ballnacht, und auch die matt blinkenden Bildschirme hatten nur eine sehr entfernte Ähnlichkeit mit den Blicken übermütiger Faschingsprinzessinnen.

»Heute vollziehen wir den Sprung in die Zukunft«, sagte Herr Dünnhammer und hatte vom Kehraus nur noch eine ganz kleine Fahne mitgebracht. Fräulein Ratsch, meine engere Mitarbeiterin, integrierte die Elektronik sofort in ihr funktionsorientiertes Arbeitsfeld, indem sie ihren Handspiegel an den Reflexschirm ihrer neuen Schreibmaschine lehnte und mit einem Wattebäuschchen die Restschminke von ihren Wangen entfernte. Sie hatte die Hälfte der letzten Nacht als rothäutiges Indianermädchen verbracht. Wir alle hatten Verständnis, daß sie, soeben aus der Freiheit unendlicher Prärien zurückgekehrt, den Sprung in die Zukunft nur mit einer gewissen Verzögerung vollziehen konnte.

Geringere Schwierigkeiten stellten sich offenbar am Teletex-Arbeitsplatz ein. Dort saß Frau Rindlhalm, die eine so ernste Lebensführung bevorzugte, daß ihr jeder Lebenstag wie ein Aschermittwoch erschien. Zu unserer großen Freude liefen an ihrem Terminal sofort langatmige Teletex-Briefe ein, die das Typenrad in Bewegung setzten. Frau Rindlhalms Seele war bereit, mit vollem Ernst in die elektronische Zukunft zu springen.

Leider kam es auch hier zu unerfreulichen Stockungen. In den ankommenden Texten fanden sich immer wieder sinnverwirrende Injektionen wie »Helau!« und »Alaaf!«. Frau Rindlhalm begann am Keyboard herumzuklopfen und konnte nur mühsam davon überzeugt werden, daß nicht die Elektronik ihres Arbeitsplatzes, sondern ihre Teletex-Kommunikationspartner den nötigen Aschermittwochsernst vermissen ließen.

Ganz übel erging es Buchhalter Schluck. In seinem Bewußtsein hatte er während der überstandenen Faschingswochen zunehmende Zweifel an der Treue seiner Frau gespeichert. In seinem Gesicht spiegelte sich die düstere Weltverachtung eines mittelalterlichen Eremiten. Trotz seiner seelischen Belastungen las er die Programminformation zum neuen grafikfähigen Personal Computer ohne nennenswerte Wutausbrüche durch. Mit der Distanz, die sich in seiner Lage gegenüber allen Frauen automatisch einstellte, erläuterte er anschließend Helga Fial, einer äußerst lebensfrohen Mitarbeiterin, die vielfältigen Vorzüge der Visionsgrafik für die Firmenbuchhaltung.

Helga Fial strahlte so zustimmend, wie es sich Buchhalter Schluck von seiner Gattin vergeblich wünschte. Aber sobald Helga ihren hübschen Kopf über das neue System neigte, erschienen auf dem Bildschirm die wildesten Skizzen, die mehr an Herrn Schlucks zerrissene Seelenlandschaft erinnerten als an die aus der Business-Library-Software abgerufene Grafik.

Alles Ein- und Ausschalten, alles Trommeln und Hämmern an der Hardware nützte nichts. Die Bilder auf dem Monitor entwickelten sich allmählich zu Werken, wie sie zwar in Modern-Art-Museen, aber nicht in Büros toleriert werden.

Unser Chef, der immer noch eine kleine Fahne mit sich herumtrug, telefonierte herum und suchte einen tüchtigen Techniker, der die Hürden bei unserem Sprung in die Zukunft beseitigen sollte. Schließlich kam ein Fachmann, der noch einen Spielzeugcolt im Gürtel trug und der zuerst seine Faschingserlebnisse und dann sein Werkzeug vor uns ausbreitete. Obwohl dieser Helfer in der Not auf sichtbar schwankenden Beinen stand, fand er doch sofort die Ursache der Störung: Er zog aus der Hardware ein paar Konfettis, die aus dem schönen Haar Helga Fials ins System gefallen waren und nach den Tänzern der letzten Nacht nun auch die Chips verwirrten. Herr Dünnhammer, unser Chef, vollzog daraufhin eine psychologische Wende. »Wir bleiben«, sagte er,»heute noch in der Welt von gestern. In die elektronische Welt von morgen springen wir erst, wenn wir frei sind von Konfettis, Frust und Fahnen.«

Eine EDV-Tragödie

Hugo Zischke, der im ganzen
als noch nicht gebunden gilt,
geht zum Faschingsballe tanzen,
weil er meint, beim Mummenschanzen
sei die deutsche Frau noch wild.

Wirklich zeigt ihm eine Dame
tangolächelnd ungeniert
Zahnbestand und Amalgame,
was ihn zur Entgegennahme
eines Kusses motiviert.

Zischke fühlt die Welt versinken.
Und er zerrt das frohe Kind
an die Bar, um es beim Trinken
geldverschleudernd anzublinken:
Liebe macht auch kontoblind.

Lotte heißt die kariöse,
aber hochsensible Frau.
Werktags speist die amouröse
Dame im Bürogetöse
einer Bank die EDV.

Der Computer teilt die Daten
auch von Zischke ruhig mit.
Bald weiß Lotte: Im privaten
Dasein kaut ihr Freund an Raten,
denn er lebt auf Bankkredit.

So verfliegt sehr unharmonisch,
was in Lottes Herzen glimmt,
weil das Mädchen elektronisch
klargetextet liest, wie chronisch
sich Herr Zischke übernimmt.

Ein grobes Heinzelmännchen

»Du mußt doch zugeben, Marion, daß wir sehr viel entspannter leben, seit in unserer Firma der PC die Mahnschriftverfahren erledigt.«

Aus »Die Gartenlaube« von 1889, neu getextet von Erich Pawlu

Heinz Breisel fühlte sich vom Leben getreten. Jahrelang beugte er sich unauffällig über einen bedeutungslosen Schreibtisch, addierte Zahlenkolonnen und steckte die Nackenhiebe seines Schicksals ein. Sehnsüchtig wartete er auf die Chance, mit einem gewaltigen Rundschlag einem nennenswerten Teil der Menschheit seine Leiden heimzuzahlen.

Er belegte Kraftsportkurse bei der Volkshochschule und besuchte kostspielige Bodybuilding-Lehrgänge. Dennoch gelang es diesem schwächlichen Menschen nicht, irgend jemanden einzuschüchtern.

Da brach endlich das Computerzeitalter aus. Heinz Breisel wurde vor einen PC gesetzt und mit der Durchführung der Mahnschriftverfahren beauftragt. Jetzt konnte dieser grollende Büromensch seine ziellose Wut auf eine Rechtsbasis stellen und dem deutschen Volk, soweit es aus säumigen Zahlern bestand, das Fürchten lehren. Selten hat ein Zeitgenosse mit größerem Eifer die Bedienung eines Personal Computers erlernt. Wie ein Urmensch beim Schnitzen einer Keule schon genüßlich von deren vielfältigen Einsatzmöglichkeiten geträumt haben mag, so freute sich Heinz Breisel beim Studium der Bedienungsanleitung auf die Blitze, die er göttergleich aus dem Textverarbeitungsprogramm auf die Menschheit niederschleudern wollte.

Er formulierte drei verschiedene Arten von Mahnschreiben. Mit der ersten Version stieß er den zahlungsunwilligen Kunden in angeekelter Höflichkeit gleichsam aus der Gemeinschaft zivilisierter Erdbewohner aus. Der zweite Brieftext arbeitete mit dunklen Drohungen in angsteinflößendem Juristendeutsch. Die dritte Fassung war mit ungezügelten Beschimpfungen durchsetzt und meldete massive Zweifel an der geschäftlichen und menschlichen Lauterkeit des Adressaten an. »Das sind meine Marschflugkörper«, flüsterte Heinz Breisel, als er die Texte ein letztes Mal zur Kontrolle auf den Bildschirm holte. »Und auf Abrüstungsverhandlungen lasse ich mich nicht ein.«

Für den Mahnbuchhalter Breisel gab es ausreichend Gelegenheit zum Angriff. Die Firma Stucks & Klackowsky, der er in stillem Groll seit langem diente, stellte Seife her. Offenbar untergräbt der rasche Verbrauch dieses Artikels die Zahlungsmoral der händewaschenden Kunden. Jedenfalls hatte das Unternehmen erhebliche Mühe, die Groß- und Kleinabnehmer zur rechtzeitigen Begleichung der Rechnungen anzuhalten. Heinz Breisel speicherte mit Lust die Anschriften der Schuldner und deckte die Geschäftspartner mit Vorwürfen, Drohungen und Beschimpfungen ein. Es zeigte sich jedoch, daß die Empfindlichkeit der menschlichen Seele in keinem Zusammenhang mit dem Verbrauch von Seife steht. Die Kunden von Stucks&Klackowsky waren offenbar trotz des Seifenparfüms auf ihren Händen und auf ihrem Teint äußerst hartgesottene Burschen. Obwohl der Drucker pausenlos bösartige Briefe ausspuckte, verringerten sich die Außenstände des Unternehmens kaum.

Da setzte sich Heinz Breisel in grenzenloser Wut an die Tastatur und verfaßte ein Mahnschreiben, das einem verbalen Overkill glich. Breisel zog alle Register seines vielschichtigen Zorns. Selten hat ein Mensch auf so engem Raum so viel Abscheu in Worte gefaßt.

Tatsächlich kam jetzt Bewegung in die Schar der Schuldner. Rechtsanwälte leiteten im Namen ihrer Mandanten Beleidigungsklagen ein. Andere Kunden zahlten zwar nicht, annullierten aber wütend die Geschäftsbeziehungen.

Das alles hätte Heinz Breisel wenig beeindruckt. Aber eines Tages näherte sich Herr Klackowsky, der Chef, und sah Breisel mißbilligend über die Schulter.

»Ich bemühe mich voll gerechten Zorns«, sagte Breisel. »Aber die Burschen wollen einfach nicht zahlen.«

»Wer spricht von den Burschen!« sagte Klackowsky. »Sie haben Fräulein Hadowetz einen unsagbar groben Brief geschrieben.«

»Kann sein«, sagte Breisel. »Na und? Kennen Sie diese Kundin?«

»Ja, sehr gut«, knurrte Klackowsky. »Erstens bin ich mit ihr befreundet. Irenes Adresse ist wohl versehentlich in Ihre Datei gelangt.«

»Ich verstehe«, sagte Breisel kleinlaut. »Und zweitens?«

»Zweitens ist Irene Hadowetz Informatikerin. Sie hat mir eingeredet, daß ein PC ein hilfreiches Heinzelmännchen ist. Ein Heinzelmännchen, das Ärger erspart. Natürlich hat Irene keine Ahnung, wie grob ein Heinzelmännchen sein kann. Jetzt haben Sie, Herr Breisel, Irenes Stimmung und damit mein Wochenende gründlich verdorben. Da habe ich genügend Zeit, über Ihre künftige Verwendung nachzudenken. Den Anforderungen des Computerzeitalters sind Sie jedenfalls nicht gewachsen.«

Software im Frauenhaus

Ehe Erwin Zischke heiratete, rang er seiner Frau das Versprechen ab, weiter seinen Hobbys nachgehen zu dürfen. »Du wirst doch nicht etwa ein leidenschaftlicher Casanova sein?« fragte Helene brautlich lächelnd.
In dieser Hinsicht bestand keine Gefahr. »Mein Hobby verträgt sich durchaus mit der Würde eines Ehemannes«, sagte Zischke. Das freute Helene. Und so gab sie Erwin das Ja-Wort, ohne zu wissen, welche ehewidrigen Leidenschaften ein Mikro in einem Mann entzünden kann.

»Also gut, Helene. Wenn Du mir die Software für den Homecomputer zurückgibst, übernehme ich den täglichen Abwasch.«

Aus »Illustrierte Geschichte des Altertums« von 1880, neu getextet von Erich Pawlu

Zischke war nämlich ein Computer-Freak. Eigentlich heiratete er nur, weil er in seiner Jugend ein paar Liebesromane gelesen hatte. Seitdem trug er die Vorstellung mit sich herum, daß Frauen ihren Kopf zärtlich auf die Schulter des tatendurstigen Mannes legen und seine Aktivitäten träumerisch bewundern.
Zischke reduzierte die Flitterwochen auf ein paar Flittertage und stürzte dann mit solcher Vehemenz an den schmerzlich vermißten Computer, daß Helene zu ihrem ersten ehelichen Staunen gelangte. Frohgemut gab Erwin Daten ein und empfing die gewünschten Antworten auf dem Bildschirm. Zu diesem Zeitpunkt stellte Zischke den Reiz elektronischer Dialoge bereits über das eheliche Zwiegespräch. Und während ihm der Computer die kniffligsten Fragen beantwortete, zog der Ehemann im stillen den Schluß, daß ein geliebter Computer mehr Glück beschere als eine geliebte Frau.
Helene, im Grunde ein sanftes Wesen, verfolgte mit wachsendem Zorn, wie ihr Erwin nicht sie, sondern den Mikro mit intensiver Zuwendung verwöhnte. »Geht das denn immer so weiter?« fragte die junge Frau eines Tages mit einer Stimme, die an ein verhaltenes Gewitterdonnern erinnerte. Zischke wäre nur erschrocken, wenn er an der Volkshochschule statt des Basic-Kurses die siebenteilige Vortragsreihe »Die Psyche der Frau« belegt hätte. Aber er antwortete mit unbewegtem Gemüt: »Das wird immer schöner! Warte nur, bis ich ein Multiuser-Netz aufgebaut habe. Da kannst auch du dich am Keyboard vergnügen, Schatz.«
Am nächsten Tag war Helene nicht mehr da. Das störte Erwin Zischke wenig, weil ja sein Mikro nicht davongelaufen war. Dann kam ein eingeschriebener Brief, der dem Computer-Freak in dürrer, nahezu computerstrukturierter Sprache mitteilte, daß Helene in ein Frauenhaus geflüchtet sei und sich dort über die erlittenen Seelenqualen ausspreche. Im übrigen habe sie ein paar Disketten mitgenommen. Erwins Geist fiel gleichsam aus allen Software-Wolken. Der verlassene Ehemann rieb sich verwundert die Augen, überprüfte seine Diskettenboxen und

stellte fest, daß Helene mit sicherem Griff das Textverarbeitungs-, Grafik- und Spielchensystem an sich gerissen hatte.
Da hieß es klein beigeben. Erwin Zischke sandte seiner Frau einen handgeschriebenen Brief und gelobte Besserung. Tatsächlich ließ sich Helene in telefonische Erörterungen der Lage verwickeln. Nach zähem Ringen verständigte sich das Paar. Die junge Frau kehrte zurück.
Seitdem ist Erwin Zischkes Tagesablauf sogar für die Urlaubszeit exakt festgelegt: Nach dem Frühstück spült er ab. Dann darf er ein Stündchen am Computer verbringen, wobei er allerdings im Abstand von höchstens fünf Minuten seiner Frau die Hand zu streicheln hat. Gegen elf Uhr widmet sich der gebändigte Freak der Herstellung des Mittagessens. Am Nachmittag ist Computerstunde - aber nur für den Fall, daß Helene ihre Freundinnen im Frauenhaus trifft. Am Abend wird gemeinsam ferngesehen, wobei Sendungen zu Computerthemen einem strikten Empfangsverbot unterliegen.
Die wenigen ungetrübten Stunden am Nachmittag nutzt Erwin Zischke, um seinen Computer in Bewegung zu bringen, wie ein Segler sein in die Freiheit drängendes Boot. Er hat das System inzwischen weiter ausgebaut, so daß ein wesentlicher Teil des Weltwissens auf seinen Monitor strömt. Wo gibt es, fragte Erwin Zischke seinen Computer, einen Platz, wo Männer ungestört am Mikro spielen dürfen?
Aber in dieser Hinsicht zeigt sich der Mikro überfordert. Da er kein Männerhaus für Elektronik-Freaks kennt, verweigert er die Antwort. Dennoch baut Zischke auf den elektronischen Fortschritt. Er bastelt an einer Software, die schwärmerische Oden dichten soll. Wenn der Mikro in liebevollem Reim und balzendem Vers Helenes sanfte Schönheit besingt, wird dem ehelichen Glück wohl nichts mehr im Wege stehen. Dann wird Helene händchenhaltend jede freie Stunde mit Erwin am Computer verbringen.

Zwischen Holz und Terminal

Nachdem der Abgeordnete Baruffka während des Frühstücks wieder mal fünf Kilogramm Druckschriften flüchtig durchgeblättert hatte, betrat er den Plenarsaal mit verwirrtem Sinn und dem Gefühl, ein geplagter Mensch zu sein. Sein Fraktionschef, der sich vermutlich schon durch ein noch größeres Drucksachenpaket gewühlt hatte, stand sichtbar überlastet am Rednerpult und bekundete die Aufgeschlossenheit seiner Partei für den Fortschritt.

»Also, ich habe ja nichts gegen deine perfekten Handküsse, Edmund. Aber die zeitraubenden Komplimente könntest du mir doch wirklich per Telefax oder per Diskette übermitteln.«

Aus »Das Bayerland« von 1899, neu getextet von Erich Pawlu

Baruffka spendete, zunächst noch zerstreut, den obligaten Beifall. Aber plötzlich fiel es ihm wie Karpfenschuppen von den Augen: Eine zeitgemäße Infrastruktur des Hohen Hauses mit Zugriff auf Archiv- und Recherchensysteme würde, so grübelte er, die Flut des anbrandenden Papiers schlagartig reduzieren.

Allerdings trat zunächst das Gegenteil ein, weil sich Baruffka von diesem Tag an umfangreiche Informationsbroschüren zusenden ließ. Während er die parlamentarischen Drucksachen in unbeachteten Stapeln vergilben ließ, studierte er die Entwürfe zu neuartigen Kommunikationskonzepten sehr aufmerksam. Er entwickelte sich innerhalb kürzester Zeit zum Medienexperten seiner Fraktion. Anfangs verkündete er seine Zukunftsversionen noch bei Kegelabenden, internen Roundtable-Gesprächen und Dampferfahrten. Allmählich gelang es ihm aber, seine Forderungen in die parlamentarischen Reden einfließen zu lassen und für das nötige Aufsehen zu sorgen.

Baruffka plädierte dafür, jedes Abgeordnetenzimmer mit Anschlüssen für Computer, Electronic Mail, Teletex und Telefax auszustatten. Kupferkoaxialkabel-Leitungen sollten den lichtschnellen Abruf von Daten, Bildern und Texten sichern. Ein Local Area Network müsse den Zugriff auf die Wissensfülle externer Rechner und vollgefütterter Datenbanken ermöglichen.

»Und wozu das alles?« rief ein Zwischenrufer und krempelte aggressiv die Ärmel seiner grünen Windjacke hoch.

»Weil wir«, sagte Baruffka, »dann endlich ebenso gut informiert sind wie die Regierung. Wir müssen über die Daten verfügen, die unsere Minister jederzeit abrufen können. Mit dem modernen Kommunikationssystem ist die Waffengleichheit zwischen Legislative und Exekutive wiederhergestellt.«

Nun kam vorsichtiger Beifall aus allen Fraktionen.

Baruffka wurde bekannt. Seine Argumente durchdrangen sogar Köpckes Tagesschau-

Meldungen und lösten zustimmende Kommentare auf den Wirtschaftsseiten der Zeitungen aus. Allerdings brachte die Post dem innovationsfreudigen Volksvertreter körbeweise Zuschriften ins Abgeordnetenzimmer, so daß er noch vor Ausbruch des elektronischen Kommunikationszeitalters im Papier zu ersticken drohte.

Da fiel Baruffka ein, daß er seinen stärksten Trumpf noch nicht ausgespielt hatte: Die neue Kommunikationstechnik im Parlament würde den Papierverbrauch auf ein Minimum reduzieren.

Seine nächste Parlamentsrede bereitete er sorgfältig vor. Nachdem er die Gefahren einer Überflutung mit Druckschriften in düsteren Farben ausgemalt hatte, steigerte er seinen Stimmaufwand und rief aus: »Der papierfreie Parlamentsbetrieb, meine Damen und Herren, wird dem deutschen Wald zu neuem Leben verhelfen. Wir, die elektronisch geschulten Abgeordneten, retten riesige Forste vor dem Untergang. Endlich werden wir der deutschen Fichte ohne schlechtes Gewissen in die Nadeln sehen können.«

Der brausende Beifall des Auditoriums schien Baruffkas endgültigen Durchbruch anzukündigen. In der Flut neuer Zuschriften aber fand sich auch ein fotokopiertes Schreiben des »Freundeskreises zur Wahrung forstlicher Belange«. Der Brief werde, so schrieben die Forstfreunde, selbstverständlich nicht nur dem Ignoranten Baruffka, sondern zugleich allen Medien zugeleitet. Schließlich müsse die Öffentlichkeit vor fortschrittswütigen Abgeordneten wirksam geschützt werden. Baruffka müsse doch wissen, daß die Schonung des für die Papierproduktion vorgesehenen Holzbestandes dem deutschen Wald nur eine neue Katastrophe beschere. Wer sich für den Wildwuchs der Forste einsetze, zerstöre den wünschenswerten Reifeklassenaufbau der Hölzer und rede einer Degeneration des Waldes das Wort.

Seitdem wirkt Baruffka verstört. Manchmal träumt er noch vom papierlosen Hohen Haus. Aber diese Träume beginnen zu verkümmern wie manche wildwachsenden Bäume. Denn das ständig zunehmende Volumen der parlamentarischen Druckerzeugnisse engt Baruffkas Spiel- und Lebensraum immer mehr ein.

Der Mikro am häuslichen Herd

Die Ausbreitung des Computers führt bereits zu einer spürbaren Entflechtung der Arbeitsplätze. Mancher Angestellte muß vielleicht noch sein Bett, aber nicht mehr seine Wohnung verlassen. Behaglich sitzt er am häuslichen Herd und speichert Briefe, Binary Digits und Bilanzen auf Betriebsdisketten. Noch nicht ausreichend erkannt sind aber die Schwierigkeiten, mit denen sich eine dislozierte Arbeitskraft konfrontiert sieht.

Die nachfolgenden Tagebucheinträge verfaßte Emmi Tritschl. Ihr Report über die Widerstände, die sich der Einteilung häuslicher Arbeitsphasen entgegenstellen können, wird hiermit der Öffentlichkeit und der soziologischen Forschung zur Auswertung übergeben.

I.

8.30 Uhr. Arbeitsbeginn. Im Morgenmantel an den Arbeitsplatz. Mein Kater Prinz schläft auf der Staubschutzhaube meiner computergesteuerten Bildschirmschreibmaschine. Ich ziehe mich sofort rücksichtsvoll in die Küche zurück. Mit leichter Nervosität und großer Tierliebe bereite ich mir ein zweites Frühstück. Schließlich hat es mein Kater nicht so gut wie ich. Er muß noch außer Haus, wenn er seine Interessen vertreten will. Wahrscheinlich hat Prinz eine schwere Nacht hinter sich.

II.

9.30 Uhr. Neuer Arbeitsbeginn. Hinter den Ohren meines Katers schalte ich das Diskettenlaufwerk ein. Prinz erwacht und flüchtet auf das Bildschirmgehäuse. Dort schnurrt er behaglich, wird aber hellwach, sobald die Maus am Monitor erscheint. Versuche Prinz davon zu überzeugen, daß meine Bildschirmtierwelt durch und durch elektronisch ist. Ergebnislose Lehrstunde. Leider fehlt es meinem Kater an Abstraktionsvermögen. Will Prinz während des erneuten Tippens mit den Füßen festhalten. Als er kläglich miaut, drücke ich versehentlich das Kommando »Löschen«.

III.

10.30 Uhr. Neuer Arbeitsbeginn. Während die Kartoffeln auf dem Herd dampfen, wende ich mich endlich konzentriert meiner Arbeit zu. Ein wenig störend ist es, daß nebenan ein Heimwerker mit einem Schlagbohrgerät die Belastbarkeit der Trennwand und der computergestützten deutschen Wirtschaft testet. Zu frühe Freude über die plötzliche Stille: Stromausfall - auch in meiner Wohnung. Als der Hobbyhandwerker die Hauptsicherung wieder einschaltet, erscheint mein Serienbrief nicht mehr im Dokumentenverzeichnis. Seufzend verschiebe ich meine Firmentätigkeit auf den Nachmittag.

IV.

13.30 Uhr. Neuer Arbeitsbeginn. Tippe abermals die ersten drei Zeilen des Serienbriefs. Es läutet. Ein düsterer Herr möchte mich sprechen. Kredenze ihm einen Cognac. Hilft nichts. Vorwurfsvoll zaubert der Mann einen Fragebogen hervor und erkundigt sich nach meinen Lebensgewohnheiten. Als er hört, daß ich seit 8.30 Uhr arbeite und bis zum Abend weitertippen will, gerät er in Wut. Ob ich mir im klaren sei, fragt er, daß ich die mühsam ausgehandelte 38,5-Stunden-Woche unterlaufe? Erst nach dem vierten Cognac entfernt sich der Demoskop mit sanften Warnungen.

V.

14.30 Uhr. Neuer Arbeitsbeginn. Frau Mucks kommt vorbei. Sie vertritt eine weltweit rührige Kosmetikfirma. Das Unternehmen hat soeben ein ganz tolles Rouge speziell fürs Büro entwickelt. Nur mit Mühe gelingt mir der Nachweis, daß sich an meinem Arbeitsplatz ein Make-up erübrigt. Damit Frau Mucks nicht sauer wird, trinke ich mit ihr stark gesüßten Kaffee.

VI.

15.30 Uhr. Neuer Arbeitsbeginn. Peter ruft an. Er nennt mich »Emma-Lädchen« - wie immer, wenn er sich mal wieder von mir ernähren lassen will. Er hat überhaupt kein Verständnis für meinen Termindruck.

»Du mußt die Vorteile der Arbeitsplatzdislozierung nutzen«, meint er. »Versteh doch! Der Computer in den eigenen vier Wänden befreit den Menschen endlich von der Fessel der genormten Arbeitszeit! Jetzt stell schon mal deinen Mikro ab! In fünf Minuten bin ich bei dir.«

Ich beschließe, den serienbrieflichen Einsatz für die freie Computerwelt um einen Tag zu verschieben. Lege den Arbeitsbeginn endgültig auf morgen, 8.30 Uhr, fest.

Zweiklassengesellschaft

»Anstatt in meine Augen hast du heute schon drei Stunden lang in den Monitor geschaut, Egon. Deshalb habe ich die Radtour vorgeschlagen. Und jetzt schenkst du mir wieder keinen Blick.«

Aus »Die Gartenlaube« von 1889, neu getextet von Erich Pawlu

Karin und Herbert Klaffitke galten früher als glückliches Paar. Jahrelang konnten sie leichte Störungen der Harmonie ohne seelische Erdbeben beilegen.

Aber nachdem sich Herbert Klaffitke ein Textverarbeitungssystem angeschafft und eine Computersprache gelernt hatte, schlichen sich in Karins Herz immer öfter jene merkwürdigen Empfindungen ein, wie sie den Menschen beim Anblick eines hoch in den Lüften schwebenden Vogels überfallen können.

»Du errichtest in unserer Zweieinhalb-Zimmer-Wohnung eine Zweiklassengesellschaft!« klagte Karin.

»Freu dich doch über meine Flexibilität!« sagte Herbert Klaffitke. »Ich springe spielend ins Computerzeitalter. Nicht jeder deutsche Mann schafft das.«

»Aber mit dem Griff nach der künstlichen Intelligenz degradierst du mich rücksichtslos zum dummen Weibchen«, meinte Karin.

»Wir können uns ja zusammen ans Keyboard setzen«, schlug Herbert Klaffitke vor.

»Danke«, sagte Karin eisig. »Ich war lange genug in der Schule. Ich brauche keinen weiteren Lehrer, der mich spüren läßt, wieviel ich aufzuholen habe.«

Nun erst verstand Herbert Klaffitke, warum die Medien ständig behaupteten, daß die Computertechnologie unsere Gesellschaft tiefgreifend verändere. In seinem Zwei-Personen-Haushalt jedenfalls hatte die elektronische Revolution voll eingeschlagen. Während Herr Klaffitke in der Wohnküche Texte formte, saß seine Frau beleidigt im Schlafzimmer herum und lebte sich in die Rolle der entmündigten Sklavin ein.

»Du schiebst mich auf das Abstellgleis!« rief sie durch die halbgeöffnete Tür. Aber Herbert Klaffitke beantwortete den Vorwurf mit einem Jubelruf, weil er gerade herausgefunden hatte, daß mit seinem System auch zweispaltige Texte zu produzieren waren. »Mit meiner Maschine kann ich sogar Drehbücher fürs Fernsehen schreiben!« rief er.

Da kam trotzige Bewegung in Karin Klaffitke. Plötzlich fühlte sie sich nicht mehr wie ein abgestellter Waggon, sondern wie eine fahrbereite Lokomotive auf unendlichem Gleis.

Und sie dampfte probeweise in die verschiedensten Richtungen los. Sie trat einem Kegelklub und einem feministischen Stoßtrupp bei, verwirrte im Kulturzentrum mehrere Referenten

durch selbstbewußte Diskussionseinwürfe, schrieb einen Leserbrief zum Problem des Chinahandels, unterstützte tatkräftig die Aktionsgruppe »Breitere Radwege« und wurde im Verlauf eines Volksfestes zur Bierkönigin gewählt.
Herbert Klaffitke saß ungestört in der Zweieinhalb-Zimmer-Wohnung und nutzte die Abwesenheit seiner Frau, sein System zu erweitern, so daß die Peripheriegeräte bald die Funktionstüchtigkeit von Schlaf- und Badezimmern in Frage stellten. Wenn seine Eingebungen den Bildschirm füllten, der Drucker arbeitete und die rotierenden Disketten summten, wurde Klaffitke von einem Schaffensrausch befallen.
Ganz allmählich nahm er wahr, daß seine Frau nur noch gelegentlich und mit deutlich wachsendem Selbstwertgefühl nach Hause kam. Noch länger benötigte er zur Verarbeitung der Beobachtung, daß sich Karin in eine elegante Erscheinung verwandelt hatte.
Eines Abends, als Frau Klaffitke gerade wieder die Tür hinter sich zuziehen wollte, um irgendwo Aktivitäten zu entfalten, fragte Herbert hastig:
»Gehört der tolle Pelzmantel eigentlich dir?«
»Ja. Jedenfalls für heute. Ich gehe zu Laroste & Watson.«
»In den sündteuren Laden?« fragte Klaffitke entsetzt. »Da traust du dich rein?«
»Die Firma hat mich als Mannequin angestellt.«
»Gegen Bezahlung?«
»Klar. Ich werde gut bezahlt«, sagte Karin, und sie fragte: »Was verdienst du eigentlich mit dem Textverarbeitungssystem?«
»Noch nichts«, murmelte Herbert Klaffitke. »Mein Fernsehspiel ist noch nicht fertig.«
»Bei Laroste & Watson«, erklärte Karin, »brauchen sie einen Mann, der mit einem Textsystem Briefe tippt. Ich habe dich vorgeschlagen.«
Herbert Klaffitke nahm das Angebot an und erledigte schwungvoll die Korrespondenz. Aber wenn er in den engen Büroräumen saß und ahnte, daß seine Frau gerade beifallumrauscht einen großzügig geschnittenen Waschbärmantel über den Laufsteg trug, hatte Klaffitke das Gefühl, in der Zweiklassengesellschaft der Gegenwart zu kurz zu kommen.

Die Muse im Computer

»Na, Mutter, wie gefällt dir der Florian?« – »Ein hübscher Bursche, aber ich verstehe ihn schlecht.« – »Ach, daran gewöhnt man sich. Er ist Programmierer und spricht fast nur noch Basic.«

Aus »Bavaria« von 1862, neu getextet von Erich Pawlu

Moritz Schnupp war ein ganz unbedeutender Dichter. Um so glücklicher war er, als ihn der berühmte Pierre Svatopluk Caplucci zu einer dreiminütigen Unterredung empfing. »Wie erklären Sie sich Ihren literarischen Welterfolg?« fragte Schnupp mit den leuchtenden Augen eines Bettelmönchs, dem ein visionärer Blick in den Himmel zuteil wird. »Betrachten Sie meinen Schreibtisch!« sagte Caplucci. »Hier finden Sie alle Geheimnisse des Ruhms.«

Moritz Schnupp war ein gelehriger Schüler. In seinem Ein-Zimmer-Appartement zerkleinerte er mit einer Axt die Preßholzmöbel, erwarb beim Trödler einen nostalgischen Schreibtisch und fahndete auf Flohmärkten nach einer klapprigen Reiseschreibmaschine. Bald hatte er ein Musenreich nach Capluccis Vorbild eingerichtet. Eifrig redete sich der Dichter ein, auf dem Parnaß zu sitzen. Bis in die Geisterstunden hinein wartete er sehnsüchtig auf das zärtliche Geflüster der Musen. Aber nichts Poetisches rührte sich. Nur ein nächtlich arbeitender Holzwurm verursachte in der nostalgischen Schreibtischplatte ein gelegentliches Knistern. Endlich, als Schnupp wegen zunehmender Verzweiflung die Nahrungsaufnahme einstellte, erfaßte den mageren Dichter doch noch eine große Idee: Er fühlte sich aufgerufen, ein Menschheitsdrama zum Thema »Die verwurmte Welt« zu verfassen. Der Poet stürmte an die Maschine. Aber das Geklapper der Tasten war so prosaisch, daß sich seine Inspiration schnell verflüchtigte. In diesem Augenblick löste sich der Dichterschüler von seinem großen Vorbild und Meistersinger Pierre Svatopluk Caplucci. Ohne Mitleid mit dem unentwegt arbeitenden Holzwurm holte er die bewährte Axt und zerkleinerte den nostalgischen Schreibtisch, übereignete die klapprige Schreibmaschine der Müllabfuhr und entschloß sich, ohne den Beistand der Musen, aber mit Hilfe eines Computers, um literarischen Ruhm zu ringen.

Er ließ sich ein elektronisches Textverarbeitungssystem ins nüchterne Zimmer stellen. Die geräuscharme Tastatur und die bernsteinfarbene Schrift auf dem Bildschirm entzündeten seine Phantasie. Da er keine prosaischen Geräusche befürchten mußte, befreite sich seine sensible Dichterseele von jeder Verängstigung. Innerhalb kürzester Zeit steigerte der aufstrebende Autor die Zahl seiner Anschläge und der vollendeten Gedichte.

Moritz Schnupp, der sich jetzt marktgerecht Morris Snubowsky nannte, wollte es bald scheinen, als werde er bei der Arbeit an seinem elektronischen System von Kalliope, Melpomene, Thalia und Erato gleichzeitig geküßt. Natürlich wußte er, daß der Zeitgeist mehr von ihm erwartete als dichterische Potenz. Deshalb ließ er aus seinem Drucker nur Texterzeugnisse ans Licht der Welt steigen, die sich gegen die Verbindung von Poesie und Technik wandten. Die allmählich anrückenden Journalistenscharen führte er vollends hinters Licht: »Ich schreibe«, sagte er, »sommers in meiner Gartenlaube, wo die Drossel singt.« - »Und im Winter?« wollten die Reporter wissen. »Winters ziehe ich mich in eine verlassene Mönchsklause zurück. Das Hämmern des Buntspechts verbindet mich mystisch mit dem Rhythmus der Natur.« - »Bei der Arbeit an der Schreibmaschine?« fragten die Journalisten. »Ein Federkiel ist mein einziges technisches Gerät. Schließlich will ich die Musen nicht vergrämen«, log der Dichter. Solche Nachrichten gefielen den Leuten. Jetzt entsprach Morris Snubowsky exakt der modernen Vorstellung vom Genie. Seine Schriften fanden reißenden Absatz.

Eines Tages mischte sich unter die Pilgerscharen auch Pierre Svatopluk Caplucci, der eigentlich nur Peter Zappl hieß. Er wollte spionierend ergründen, wie es der Konkurrent Morris Snubowsky geschafft hatte, ihn aus den Bestsellerlisten zu verdrängen. Snubowsky gewährte dem Kollegen eine dreiminütige Audienz.

Am Abend des gleichen Tages warf Pierre Svatopluk Caplucci seine Reiseschreibmaschine in einen Müllcontainer und griff zur Feder. Aber seine Musen blieben einsilbig. Kalliope, Melpomene, Thalia und Erato waren, wie sich zeigte, nicht auf Gänsekiele fixiert.

Als innovationsfreudige Wesen waren sie längst in Mikrocomputer umgezogen, wo sie Chips, Bits und Compiler mit ihrer Kreativität erfüllten.

Synoptische Frustration

»Hier ist die Systemdiskette, Herr Knocke. Damit haben Sie Zugriff auf meinen PC. Und wenn Sie noch eine Weile so ritterlich um mich werben, erlaube ich Ihnen eines Tages vielleicht den Zugriff auf mein Gefühlsleben.«

Aus »Das Bayernland« von 1897, neu getextet von Erich Pawlu

Marion hatte keine Scheu vor Bürocomputern. Willig setzte sie sich an einen PC und staunte über die ständige Verbesserung der Software. Da Marion lange Haare und eine noch kurze Biographie aufzuweisen hatte, fehlt es auch nicht an Helfern. Besonders eifrig bemühte sich Emil Knocke, seine Kollegin in die individuellen Anwendungsmöglichkeiten der Mikroelektronik einzuführen. Das ging gut, bis Knocke eines Tages auf die Idee kam, seine Kollegin mit einer Diskette zu verwöhnen, auf der synoptische Daten zur jüngsten Geschichte gespeichert waren. Knocke träumte davon, daß er mit Hilfe dieser Software dem schwarzen Haar und den blauen Augen der Mitarbeiterin besonders nahekommen würde. Wenn man die Geburtsdaten des hübschen Mädchens und ein paar einfache Kommandos eintippte, erschien auf dem Bildschirm eine getextete Übersicht über alle bedeutenden Ereignisse, die den allerersten Schrei Marions synchron begleitet hatten. Emil Knocke war davon überzeugt, daß ihm der Synopsis-Computer den direkten Zugriff auf Marions Gefühlsleben eröffnen würde.

Tatsächlich spiegelte sich Dankbarkeit und Neugierde im Gesicht der Kollegin, als Knocke die Diskette einlegte und sich mit halb singender, halb flötender Stimme nach Marions Geburtstag erkundigte.

Das Mädchen am zweckentfremdeten PC befand sich in einem Alter, in dem solche Fragen noch kein entrüstetes Schweigen auslösen. Marion gab bereitwillig Auskunft.

»Der Tag, an dem Sie das Licht der Welt erblickten, muß ein glücklicher Tag gewesen sein«, gurrte Knocke.

Leider widerlegte der Bildschirm diese Euphorie. Gleichgültig entnahmen die Chips der kleinen Datenbank die enttäuschendsten Nachrichten und schickten sie auf den Bildschirm. Bernsteinfarben auf dunkelbraun konnte Marion lesen, welche finsteren Dinge sich an dem Tag zugetragen hatten, an dem sie das Licht der Welt erblickte. »Scotland Yard«, so meldete der Monitor, »entlarvt Bryan Domuch als das Black Monster von Soho.« – »In München fliegt ein Schwarzhändlerring auf, der Känguruhfleisch als Rindskeulen verkaufte.« – »Astronomen entdecken ein neues schwarzes Loch in der Galaxis.« – »Rätsel um Schiffszusammenstoß im Schwarzen Meer.« – »Professor behauptet: Schwarzhaarige Menschen leiden verstärkt an Fußkribbeln.« Marion litt zwar nicht unter Fußkribbeln, dafür aber unter einem wachsenden Unbehagen. »Das nennen Sie einen glücklichen Tag?« fragte sie verstört.

»Bitte haben Sie Geduld«, flehte Knocke, indem er das Gurren einstellte und mit der belegten Stimme eines Menschen sprach, dem die Verantwortung für unglückliche Entwicklungen der Geschichte auf den Kehlkopf drückt. »Gewiß kommen die schönen Nachrichten am Ende der Übersicht.« Die beiden Vergangenheitsforscher wandten sich wieder dem Bildschirm zu und ließen die nächsten Textzeilen aufleuchten.

»Politische Beobachter: Kein Licht in den Ost-West-Beziehungen«, lasen Marion und Emil gemeinsam. Und weiter hieß es: »Rundfunkanstalten kündigen an: Den Schwarzhörern geht es jetzt an den Kragen.«

Jetzt blickte auch Emil Knocke verzweifelt drein, als sei er gerade beim Schwarzhören ertappt worden.

»Sind Sie sicher, daß Sie Ihren Geburtstag richtig angegeben haben?« fragte er.

Aber darauf antwortete Marion nicht mehr. Zuerst kämmte sie ihre langen schwarzen Haare, dann nahm sie energisch die Synopsis-Diskette aus dem Laufwerk, legte die Systemsoftware für die Textverarbeitung ein und zauberte freundliche Serienbriefe ohne finstere Anspielungen auf den Monitor.

Von diesem Tag an verdüsterte sich Marions Blick, wenn sie sich von Knocke umkreist fühlte. Für sie bleibt er der Dunkelmann, der ihre strahlende Herkunft eingetrübt hat.

Traurig erinnert sich Emil Knocke an die schönen Stunden, als er seine Stimme nahe an Marions Ohr gurren lassen konnte. Schreiend möchte er seiner Kollegin klarmachen, daß er für die schwarzen Löcher der Geschichte und für Ärgerlichkeiten der Elektronik nicht verantwortlich gemacht werden kann. Aber er weiß nur zu gut, daß Marion seinen Charakter für alle Zukunft mit der Synopsis-Software in Verbindung bringt. Sein CAD-Image bleibt schwarz wie die Ereignisse an dem Tag, an dem Marion geboren wurde.

Staubtrocken

Mit der Anschaffung eines Computers erfüllte sich unser Chef einen Herzenswunsch und steigerte zugleich unser Selbstbewußtsein. Ein paar kleine Störungen an der kostspieligen Anlage inspirierten die Firmenleitung sofort zu einer aufwendigen Umbaumaßnahme. Zugegeben, die Tätigkeit der Handwerker führte zu einer wochenlangen Beeinträchtigung der Arbeitsatmosphäre. Während wir über Computerprogrammen brüteten und mit Informatikern telefonierten, versetzten uns Preßlufthämmer in einen Zustand permanenter Vibration. Maurer kletterten auf unsere Schreibtische und ließen den Deckenputz in die Aktenordner rieseln. Unter den Stühlen diskutierten Fremde beim Austausch des Bodenbelags die Eignung unserer Fußbekleidung für die neuen Kunstfaserteppiche.

Der Computer reagierte schon auf den ersten Hammerschlag sehr sensibel, lieferte die abenteuerlichsten Outputs und wurde vorübergehend stillgelegt. Wir aber ertrugen alle Erschwernisse mit heiterer Zuversicht. Der Umbau, so hatte man uns versichert, werde uns ein modernes und ideales Klimatikum bescheren. Na ja, wir wußten natürlich, daß sich unsere Büros nicht in Paradiese verwandeln werden. Aber das wahre Ausmaß der Katastrophe sahen wir alle nicht voraus.

Als die Umbaumaßnahmen abgeschlossen waren, gab die Firma ein kleines Fest. Wir staunten über die Farbharmonie in unseren Räumen, verzehrten dankbar die Brötchen mit Lachsersatz und deutschem Kaviar, fühlten aber noch nichts Nennenswertes vom neuen Klimatikum. Vielleicht hatte zu diesem Zeitpunkt der Kunststoffteppich sein elektrisches Spannungsfeld noch nicht voll aufgebaut, und die Luftfeuchtigkeit entsprach vermutlich noch den Ansprüchen des mitteleuropäischen Menschen.

Jetzt aber, da längst der graue Alltag eingekehrt ist, wehrt sich unsere Natur gegen die Trockenzonenatmosphäre in unseren Zimmern. Sogar die friedfertigen Kollegen entwickeln die Gereiztheit von Wüstenwanderern, und Fräulein Trüll, die mit ihrem Erscheinungsbild bisher jedermann an die Blütenpracht des Frühlings erinnert hatte, nahm im Neonlicht der fensterlosen Büros plötzlich das Aussehen einer vorzeitig verwelkten Sonnenblume an.

Seuchenartig breitete sich in unserer Etage die Plage des Lidflatterns, des Fußsohlenkribbelns und des Ohrensausens aus. Da unternahmen wir einen verzweifelten Vorstoß. Wir baten die Firmenleitung um Abhilfe mittels eines neuerlichen, wenn auch weniger aufwendigen Umbaus.

Fräulein Trüll, der wir den Vortrag unseres Memorandums anvertraut hatten, kam total verwelkt aus dem Chefzimmer zurück. Sie berichtete uns, daß selbstverständlich auch der Chef unter dem Kunststoff-Klimatikum leide. Er fühle sich einem ständigen Zwang zum Räuspern ausgesetzt. Aber diese kleine Einschränkung seines Wohlbefindens nehme er klaglos in Kauf. Schließlich sei jeder Mensch flexibel und passe sich den unglaublichsten Veränderungen seiner Umwelt rasch an. Im Gegensatz zu Computern. Der firmeneigene Computer arbeite seit Abschluß des Umbaus störungsfrei. Er sei von der neuen Arbeitsatmosphäre offenbar sehr angetan. Das mache die Firma konkurrenzfähig und sichere die Arbeitsplätze. Und ein Arbeitsplatz in einem künstlichen Trockenklima sei doch gewiß besser als gar keiner.

Tierliebe am Monitor

»So elegant, Luise?«
– »Ich habe einen Termin bei Herrn Pratz, dem Hardwareproduzenten. Der ersetzt die Bildschirmmaus durch einen neuen Cursor. Da stehe ich ihm Modell.«

Aus »Fliegende Blätter« von 1910, neu getextet von Erich Pawlu

»Das ist unser Durchbruch«, sagte Herr Pratz, der Systemprogrammierer. »Die Konkurrenz schickt eine Maus auf den Bildschirm. Schön. Dann erscheint bei uns der Cursor eben in Gestalt eines Eichhörnchens. Ein Eichkätzchen ist viel possierlicher und ansprechender als eine Maus.« Willibald Gluckel, unser Chef, überzeugte sich von der Liebenswürdigkeit des elektronischen Baumtiers. Das Cursor-Nagetier erwies sich als außerordentlich beweglich und steuerte die extremsten Stellen des Monitors mit einer Leichtigkeit an, als schwänge es sich wirklich mühelos von Ast zu Ast.

»Großartig«, sagte Gluckel. »Wir werden unsere Softwaresysteme nicht nur an die Sekretärinnen verkaufen, die sich vor Mäusen fürchten. Mit dem wipfelstürmenden Eichhörnchen ist unser Sieg über die lichtscheue, in niedrigsten Zonen hausende Maus bereits vorprogrammiert.«

Unser System erregte tatsächlich Aufsehen. Ein Vorstandsmitglied des Bauernverbandes, ohnehin kein Freund der Mäuse, lobte während eines TV-Interviews die gezielte Tierliebe unseres Unternehmens und sprach sich für den Siegeszug des Eichhörnchens durch die gesamte Elektronik aus.

Programmierer Pratz genoß den Erfolg in vollen Zügen. Als ihn Gluckel am steigenden Umsatz beteiligte, schenkte Pratz seiner Frau einen sündhaft teuren Mantel aus Eichhörnchenfellen, um aller Welt die Ursache seines Erfolges zu signalisieren. Aber als unser Baumhörnchen schon auf immer mehr Bildschirmen herumturnte, erreichte uns plötzlich eine brieflich ausformulierte Beschimpfung eines Schulbiologen: Die Verwandlung eines Eichhörnchens in ein elektronisches Signal sei Ausdruck einer bösartigen Mentalität. Dem normal entwickelten Menschen könne es keinen Spaß machen, ausgerechnet ein sympathisches Eichhörnchen stundenlang über einen Bildschirm zu hetzen. In dieser Hinsicht verursache eine Maus weniger Gewissensbisse. Zu diesem Zeitpunkt lächelten wir noch und speicherten den Brief mit Hilfe eines eichhörnchengeführten Textsystems auf Diskette.

Aber es kam schlimmer. Ein Herpetologe beklagte sich bitter darüber, daß mit der elektronischen Ausbreitung des überhaupt nicht nützlichen Eichhörnchens der Blick für die Reichhaltigkeit der Tierwelt schon bei der computerwütigen Jugend eingeengt werde. Als Kriechtierforscher plädiere er dafür, dem deutschen Volk vor allem die anmutige Eidechse näherzubringen. Als Cursor für Colorbildschirme empfehle er die

Smaragdeidechse, die zudem mit ihrer leuchtendgrünen Farbe einen wohltuenden Blickfang für das menschliche Auge biete.

Pratz hörte auf zu lächeln. Erstmals quälte ihn die Vermutung, daß Tierliebe in der Elektronik zu Komplikationen führt, denen Informatiker nicht gewachsen sind.

Weitere Schläge gegen unser Eichhörnchenprinzip folgten. Die Gattin eines Wirtschaftsführers belehrte uns darüber, daß sie bei mehreren Fahrten durch afrikanische Wildreservate die übermütige Klugheit des Pavians bewundern gelernt habe. Der Konzern ihres Mannes werde das Softwaresystem nur anschaffen, wenn auf den Bildschirmen ein hübsches Äffchen als Cursor erscheine.

Wir bildeten einen Krisenausschuß, der die unterschiedlichen Anregungen PC-bedienender Tierfreunde auswertete. Willibald Gluckel, unser Chef, verdonnerte den Kollegen Pratz dazu, eine kostenintensive, aber alle wesentlichen Tierarten berücksichtigende Palette von Cursor-Symbolen zu schaffen. Seitdem verrichtet Pratz seine Arbeit hinter einem Stapel biologischer Bildbände. Schon schlängeln sich Ringelnattern über unsere Bildschirme. Für den Freund der Ozeane und für Ichthyologen stehen Knurrhahn und Kabeljau als wendige Positionsmarken zur Verfügung. Gegenwärtig entwickelt Pratz ein kompaktes Nilpferd-Symbol, um den Verdacht abzuwenden, korpulente Tierarten zu benachteiligen.

Obwohl die Stimmung in unseren Büros ziemlich gedrückt ist, hat die Situation doch auch einen Vorteil: Wir gehen dem Kollegen Pratz bei der Sichtung der Fauna zur Hand und reifen zielstrebig zu biologischen Experten heran. Herr Gluckel, unser Chef, spricht bereits von der Umstrukturierung seines Unternehmens. Tatsächlich beginnt ein neuer Zweig der Firma zu florieren. Immer öfter erscheinen Mitmenschen, um sich von uns über die Eigentümlichkeiten der ausgefallensten Tiere honorarpflichtig beraten zu lassen. Nur Förderer der einheimischen Maus schlagen einen feindseligen Bogen um unser Betriebsgebäude.

Mikro-Kummerkasten

Heute gibt es für alle Probleme Lösungsstrategien. Der traurige Azubi flüchtet in die Arme seiner mitfühlenden Freundin oder zu MacDonalds. Der Disko-Dauergast vertraut auf die Künste seines Ohrenarztes und der Bräutigam auf sein Horoskop. Im Grunde bleibt nur der Mensch am Mikro sich selbst überlassen. Da ist es höchste Zeit, daß farbenfrohe Familienzeitschriften einen Kummerkasten für Mikroprobleme einrichten.

Halluzinationen

Ich bin Lohnbuchhalter bei Ratschl & Klatsch. Den Personal Computer beherrsche ich mühelos. Leider sitze ich aber ganz allein in einem Raum. Mein Problem: Sobald ich eine Stunde lang Zahlenkolonnen auf den Bildschirm schicke, habe ich merkwürdige Halluzinationen. Auf einmal scheinen sich die Ziffern so zu gruppieren, daß das Gesicht von Nastassja Kinski oder die Figur von Bo Derek erscheint. Das verwirrt mich sehr. Was soll ich nur tun?

Friedhelm Öhrlwanger (42)

Der Psychotherapeut Dr. Imbiß antwortet: Lieber Herr Öhrlwanger! Bitten Sie Ihren Chef, Ihnen eine Kollegin ins Zimmer zu setzen. Solche durch Partnerverlust bedingten Halluzinationen verschwinden rasch, wenn eine energische, nüchterne Mitarbeiterin mit einem gesunden Verhältnis zur Realität in der Nähe weilt. Sogar in der vorweihnachtlichen Zeit, in der Wachträume gehäuft auftreten, wird Ihnen eine spröde Kollegin Ihre Halluzinationen und Ihre Lebensuntüchtigkeit mit barscher Selbstverständlichkeit vertreiben.

Früher Traum

Liebe Kinderzeitung »Hallo&Tschüß«, ich schreipe an dich, weil du pestimmt weist, wie mann an den Weihnachtsmann rankommt. Bitte sag ihm doch, daß ich noch zimmlich klein bin, und daß ich deßhalb zu Weihnachten auch nur einen gans kleinen Kommputer geschenckt haben will. Aber ich möchte mit ihm kostenlos telefonieren und viel Geld von der Bank abhepen. Schön wäre es, wenn ich meine grose Schwester mit dem Kommputer elekterisieren könnte. Auserdem muß der Kommputer »Dallas« zeigen können. Das will ich nemmlich mit Vati heimlich ansehen. Wenn »Dallas« im Fernsehen kommt, darf Vati nie gucken. Mutti meint, daß Vati nur die schönen Damen anglozt.

Heiner Trutzl (8)

Redakteur Przybilla antwortet als Weihnachtsmann: Lieber Heiner! Ich, der Weihnachtsmann, habe Deinen Brief lange gelesen und überlegt, ob ich Dir heuer einen Computer bringen soll. Aber ich will doch lieber noch ein Jahr warten. Es könnte ja sein, daß bis dahin das Fernsehen ohne »Dallas« auskommt. Und ich hoffe auch, daß Du in einem Jahr schon wieder mehr Taschengeld erhältst, so daß Du keine Bank austricksen mußt. Entschuldige, daß ich den Brief jetzt abbreche: Aber an meiner Schreibmaschine ist irgend etwas nicht in Ordnung. Wenn ich eine bestimmte Taste anschlage, werde ich elektrisiert. Und das tut schrecklich weh. Außerdem ist Elektrisieren gefährlich – sogar für einen Weihnachtsmann. Hallo und Tschüß!

Mikro-süchtig

Mein Egon sah mir früher fast jeden Abend tief in die Augen. Jetzt starrt er nur noch in den Monitor seines Home-Computers. Manchmal versuche ich, meine Figur in sein Blickfeld zu schieben. Aber da scheucht mich Egon mit ein paar Kommandos in Basic zur Seite. Allmählich zweifle ich am Sinn der Ehe im Computerzeitalter. Bitte geben Sie mir noch vor Weihnachten einen Rat! Irene Abentau (29)

Frau Tatjana antwortet: Liebe Frau Abentau, für Ihren Mann, der sein Leben ganz auf den Computer ausgerichtet hat, sind Sie als Frau ein unbekanntes Wesen geworden. Kaufen Sie sich sofort ein Lehrbuch für Basic! Flüstern Sie Ihrem Egon nachts ein paar Basic-Codes ins Ohr. Staunend werden Sie feststellen, daß sich auf einer neuen Sprachebene die vertraute Kommunikation zwischen Ihnen und Ihrem Gatten wieder einstellt. Und noch mehr: Wenn Sie die Basic-Kommandos beherzt aussprechen, folgt Ihnen Egon gewiß aufs Wort.

Ein grüner Freak

Alles könnte so schön sein. Unsere gemeinsamen Abende im Eineinhalb-Zimmer-Appartement meines Freundes verliefen bisher sehr harmonisch. Ich hörte Platten, und Rudolf spielte am Computer. Ein bißchen grün waren wir ja schon immer. Aber plötzlich entwickelte sich mein Freund zu einem giftgrünen Naturmenschen. Es stört mich nicht, daß auf dem Monitor des Computers das Meerschweinchen haust und daß das Wasserglas für die Kanarienvögel auf dem Prozessor steht. Aber daß Rudolf das weiße Zwergkaninchen in den Arm nimmt und ihm den Computer erklärt, macht mich rasend vor Eifersucht. Monika Leydrich (18)

Diplompädagoge Henning Zoff antwortet: Ich habe schon immer prophezeit, daß der Computer zu neuen zwischenmenschlichen Komplikationen führen muß. Ihre gestörte Interaktion mit Rudolf erfordert einen harten Schnitt. Mein Rat: Zertrümmern Sie kurzerhand den Computer Ihres Freundes und versuchen Sie, das Vertrauen des Zwergkaninchens zu gewinnen. In der gefühlsbetonten Weihnachtszeit werden Sie über Rudolfs weißen Liebling auch den Weg zum grünen Herzen Ihres Freundes finden.

Elektronische Abenteuer

Die Ausschaltung einer Softwarepiratin

»Wo bleiben da die Vorteile des DV-Zeitalters, wenn wir die Software per Pferd transportieren, Chef?« – »Rede nicht, Junge. Reite. Solange wir die Disketten den Kunden persönlich zustellen, fallen sie keinen Raubkopierern in die Hände.«

Aus »Deutscher Hausschatz« von 1887, neu getextet von Erich Pawlu

Als Privatdetektiv observierte ich jahrelang parkende Autos auf nächtlichen Feldwegen, spähte durch fremde Schlüssellöcher und lauschte in teuren Hotels durch hellhörige Wände. Aber seit sich bei Ehescheidungen die Kontrahenten nicht mehr gegenseitig die Schuld in die Schuhe schieben dürfen, geht die Zahl meiner Aufträge dramatisch zurück. Deshalb war ich sehr glücklich, als in mein Büro endlich wieder einmal ein trauriger Herr trat, der als Typ des betrogenen Ehemannes einzustufen war. Gewiß wollte er mich in Unkenntnis der Rechtslage anstiften, hinter seiner seitenspringenden Frau herzujagen.

»Ich heiße Rainer Mucks«, sagte der Fremde melancholisch. »Es geht um Betrug.«

»Treibt es Ihre Frau denn so wild?« fragte ich.

»Wer spricht denn von meiner Frau!« knurrte Mucks. »Ich bin Softwareproduzent. Und ich hätte Erfolg. Aber Diebe bringen mich um den Lohn meiner Arbeit. Bitte legen Sie den Raubkopierern das Handwerk!«

Als mir Herr Mucks anschließend seine Verluste erläuterte, hörte ich mit wachsendem Frohsinn zu. Denn aus der Höhe des Schadens errechnete sich mein Honorar. »Bitte tun Sie alles, was in Ihrer Kraft steht«, flehte Rainer Mucks.

In meiner Kraft stand einiges. Meine Spürnase war wieder gefragt. Allerdings wurden hohe Anforderungen an meine psychologischen Fähigkeiten gestellt. Die seitenspringenden Menschen, denen ich früher auf den Fersen war, hatten sich entweder durch glühende Gesichtsfarbe oder nächtliche Heimlichkeiten verraten.

Die Piraten auf dem Softwaremarkt hingegen segelten mit scheinbar reiner Stirn durch das Gewühl der Straßen, als hätten sie keinen Diebstahl, sondern eine anspruchsvolle Intelligenzprüfung hinter sich gebracht. Nicht selten bekam ich es auch mit selbstbewußten Bürschen zu tun, die anstatt altersgerecht zu pubertieren, teure Anwendungsprogramme und begehrte Spieldisketten abkupferten, um das Diebesgut per Zeitungsanzeige anzubieten.

»Supersoftware aller führenden Hersteller zum Spottpreis bei Irene«, las ich im Annoncenteil des Regionalblattes. Ich witterte den Piratengeruch und wählte die angegebene Telefonnummer. Eine weibliche Stimme hauchte: »Soft special Irene Hadubreit – Sie wünschen?«

»Ich brauche dringend das diskettierte Finanzbuchhaltungs-Programm Serial Nummer 129005, Version 1aa. Wie lange muß ich warten?« Das

Stimmchen flüsterte: »Kein Problem. Diese Software können Sie sofort abholen.«
»Der Preis?« fragte ich.
»Nicht der Rede wert«, sagte die Piratin und gab ihre Adresse an.
Als ich mit meinem Mittelklassewagen durch die Straßen schoß, fühlte ich mich wie ein Schiffskanonier, der die Freibeuterfahne eines kapitalen Dreimasters im Visier hat.
Irene Hadubreit war allerdings ein schmales Mädchen, trug keine Piratenbinde über den blauen Augen und kein schlechtes Gewissen zur Schau. Als sie mir die Diskette aushändigte und ein Zehntel des regulären Marktpreises einstrich, feuerte ich dennoch eine Breitseite ab.
»Das ist sittenwidrig«, sagte ich.
Irene Hadubreit prüfte, ob sich ihre Bluse geöffnet hatte. Als sie in dieser Hinsicht alles in Ordnung fand, blickte mich das Mädchen verwirrt an. »Sittenwidrig?« fragte sie irritiert.
»Jawohl«, bekräftigte ich, »Sie betreiben Computerkriminalität, Fräulein Hadubreit. Sie verstoßen nämlich gegen das Urhebergesetz und gegen das Wettbewerbsrecht. In Tateinheit.« Ich stellte mich als Privatdetektiv vor. Da kippte Irene vor Schreck um.
Auch als Piratenjäger ist man Kavalier. Ich fing die Raubkopiererin in meinen Armen auf. Der Schwächeanfall war schnell überstanden, aber vorsichtshalber umklammerte ich Fräulein Hadubreit noch für ein Weilchen.
Genau genommen halte ich sie immer noch, obwohl sie inzwischen eine Belastung geworden ist. Natürlich habe ich Irene an Herrn Mucks verraten. Jetzt zahle ich die Raten für ihre Abmahnungskosten von 6000 Mark. Dazu kommen die Anwaltsgebühren.
Um unsere Schulden abzutragen, gehen wir inzwischen gemeinsam auf Piratenjagd. An Aufträgen mangelt es uns nicht. Als Paar hat man es viel leichter, unauffällig mit professionellen Raubkopierern und mit Gelegenheits-Bitnappern ins Gespräch zu kommen. Irenes erfahrener Blick für Software-Ganoven belebt bereits die Bewegungen auf unserem gemeinsamen Konto.

Computersound

»Natürlich ist es traurig, daß der Computersound mehr gefragt ist als dein Spiel auf der Laute, Hans-Otto. Aber deshalb mußt du die Handbücher zum Synthesizer doch nicht gleich mit Füßen treten.«

Aus »Geschichte des Mittelalters« von 1881, neu getextet von Erich Pawlu

Seit Hanno Schrumm unser Mitarbeiter geworden ist, begreifen wir alle, daß unserem Leben bisher der heitere Schwung fehlte. Ehe sich der neue Kollege um die Ausgestaltung unseres Betriebsalltags kümmerte, saßen wir mürrisch vor den Maschinen und ermittelten lustlos die Löhne für die Belegschaft bei Bork & Schenk.

Hanno Schrumm fiel zunächst nur durch seinen gelösten Gang auf, der an die Unbekümmertheit eines Break Dancers erinnerte. Auf die Augen der Mädchen und Frauen, die bei Bork & Schenk im Lohnbüro sitzen, legte sich sofort jener träumerische Schleier, der sich immer dann einstellt, wenn ein Playboy durch einen nüchternen Raum geht.

Aber der neue Mitarbeiter bot mehr als die Aussicht auf kurzfristige Liebesabenteuer. Schrumm erwies sich als Experte für Computermusik. Mit ein paar Handgriffen gelang es ihm, unsere nüchternen Mikros in übermütige Synthesizer umzuwandeln. Sobald unser Chef außer Haus war, ließ Hanno Schrumm die Computer orgeln und flöten, beaten und blasen, daß wir uns in Pfarrkirchen, in Übungslokale von Männergesangsvereine oder in wilde Diskos versetzt fühlten. Unsere Seelen fingen schon zu diesem Zeitpunkt an, sich von ihrer eintönigen Biokurve zu lösen. Sie entfalteten gleichsam im freien Rhythmus der elektronischen Musik ihre lange gefesselten Flügel. In einem höheren Sinn wurde der Kollege Schrumm unser aller Playboy.

Es erwies sich freilich als störend, daß die anfangs noch unvollkommene Technologie unseres Büros manche Toccata von Bach gleichsam in das Knurren eines Hundes und manchen flotten Schlager in das Piepsen eines hungrigen Vögelchens umformte. Das führte zu starken Stimmungseinbrüchen. Aber Hanno Schrumm arbeitete mit größtem Ehrgeiz an der Perfektionierung des Tonerzeugersystems, schleppte neue Keyboards und Digital Interfaces herbei, nötigte der Peripherie immer mehr Klangfarben und Synthesizerstimmen ab, so daß wir schließlich zu Tonerlebnissen gelangten, die alle Lohnbuchhalter bei Bork&Schenk in Freunde abwechslungsreicher Musikkultur verwandelte. Als Hanno Schrumm uns mit dem »Largo« von Händel synthetisch beschallte, reagierte Fräulein Engel, eine im tiefsten Grunde mißmutige Kollegin, mit lebensbejahendem Gefühlsüberschwang und vollendete alle Lohnberechnungen im Rekordtempo. Die plötzliche Motivation dieser Mitarbeiterin blieb unserem Chef nicht verborgen. Der wohltuende Einfluß einer musikalisch angereicherten Atmosphäre, von Kaufhausbesitzern längst hoch geschätzt, wurde auch bei Bork & Schenk zum wichtigen Bestandteil betriebspsychologischer Planungen. Hanno Schrumm wurde von der mühseligen Lohnberechnung freigestellt und widmete sich im Auftrag der Firmenleitung ganz der elektronischen Herausforderung unserer Epoche.

Die Ergebnisse seiner Mühe können sich hören lassen. Das synthetische »Largo« ist mittlerweile ein alter Hut. Wenn Hanno Schrumm jetzt über Doppel-Floppy-Laufwerk und Grafiktablett Klangwellenmuster vom Rechner übernehmen und akustisch umsetzen läßt, wetteifert er mit der Fantasie Mozarts. In einer Hinsicht übertrifft Hanno Schrumm sogar die alten Meister: Auf Tastendruck mischt er Elemente aus dem Naturklangspeicher in die dezente Musik. Das Rauschen heiler Wälder, das Tosen von Wasserfällen, der romantische Gesang der Nachtigall und das anheimelnde Schnurren eines satten Leoparden geben, vermixt mit den über 100 000 Noten auf Diskette, unseren Arbeitsplätzen eine unverwechselbare Aura. Während wir, auf Kunststoffstühlen sitzend, addieren und multiplizieren, eröffnen sich uns die akustischen Wunder der unverfälschten Natur. Ohne anstrengenden Spaziergängen oder Volksläufen ausgesetzt zu sein, wachsen wir zu einer verschworenen Gemeinschaft von Naturfreunden zusammen. Das entspannt zutiefst und fördert unsere Leistung. Die Firmenleitung unterstützt Hanno Schrumms Strategie nach Kräften. Zwar wurde die flankierende Idee, uns für die Lohnberechnungen mit Notenpapier zu versorgen, schleunigst wieder verworfen, weil Fräulein Engel, anstatt zu rechnen, in höchster Motivation zu komponieren begann. Aber es fördert den naturnahen Flügelschlag unserer Seelen, daß uns neuerdings grünes Firmenpapier zur Verfügung gestellt wird. Jetzt ist es, als säßen wir, angesäuselt von abendländischer Musik, bei einem Open-air-Festival auf saftiger Wiese.

Nachhilfe am Mikro

*»Du weißt, Halef:
Bei uns wird Service
großgeschrieben.
Nur noch drei Tagesritte!
Dann können wir
den Oasen-Computer
reparieren.«*

Aus »Ägypten« von 1879, neu getextet von Erich Pawlu

Eigentlich wollte ich ja Lehrer werden. Aber dann zog ich es vor, mich zum Computerspezialisten ausbilden zu lassen. Deshalb steht mein Name nicht auf langen Wartelisten, sondern im Branchentelefonbuch. Meinem Bedürfnis, auf die Menschheit pädagogisch einzuwirken, eröffnen sich dennoch weite Betätigungsfelder. Wenn die Innovationslust kulminiert, schreit das Volk nach der belehrenden Autorität. Ich, Hartmut Mockel, trete überall in Erscheinung, wo ein Bedienungsfehler am Mikro zu Komplikationen führt. Kaum klingelt das Telefon, rase ich schon als mobiles Knowhow quer durch die Stadt und gebe – zumeist mit ein paar Drehungen des Schraubenziehers – verstörten Sekretärinnen den Glauben an die heile Welt zurück. Es mag Lehrer geben, denen es gelingt, die Schulordnung zu überlisten und in ihrem Klassenzimmer auch heute noch die Macht des Alleinherrschers zu entfalten. Aber was ist das alles im Vergleich zu meiner Bedeutung! Mir, Hartmut Mockel, begegnen meine Mitmenschen Tag für Tag mit einer Demut, wie sie nicht einmal mehr der Häuptling eines eingeschüchterten Indianerstammes am oberen Amazonas erwarten darf. Sobald irgendwo ein Monitor statt der Firmenbilanz einen Buchstabensalat zur Bearbeitung anbietet, breiten sich an den Schreibtischen Tobsucht und Verzweiflung aus. In diesem Augenblick steige ich zum laienhaft hudelnden Volke nieder. Mit ängstlichen Blicken versuchen Abteilungsleiter aus dem Grad meiner Verdüsterung den Umfang des Schadens zu schließen. Wenn ich dann noch vielsagend durch die Zähne pfeife, wird sogar der robusteste Büromensch von Weltuntergangsstimmung überwältigt. Ich, als einziger mit den Chips auf du und du, habe Aufstieg und Fall der Firma in meiner computerfreundlichen Hand.

Dann drängt mich meine lehrerhafte Seele zu wirksamen Erziehungsmaßnahmen. Während ich mit dem Schraubenzieher wie mit einem Zeigestab zum Himmel weise, rede ich auf die schuldbewußt gesenkten Nacken der Multiuser-Sekretärinnen tadelnd ein. In diesem Stadium treibe ich die PC-Benutzerinnen zu einer seelischen Katharsis und zu dem still gefaßten Vorsatz, niemals wieder gegen die Anleitungen des Handbuchs zu verstoßen. Dann repariere ich den Schaden und lasse mich feiern, bewundern und feurig anblinken. Ich, Hartmut Mockel, weiß in diesem Moment, wie einem Star bei den Filmfestspielen von Cannes und dem Lehrer einer Mädchenklasse bei der Deutung eines Liebesgedichts von Goethe zumute ist.

Allerdings gebe ich zu, daß selbst der sonnengleiche Herrscher gelegentlich an die Grenzen seiner Macht stößt. Kürzlich wurde ich in die Firma Hulesch&Ranzel gerufen. Ein Personal Computer spuckte Gift und Galle. Während der Abteilungsleiter um mich herumdienerte, vervollkommnete die Sekretärin vor dem defekten PC ihr Make-up. Dieser demonstrative Mangel an Schuldgefühlen war ungewöhnlich. Trotzdem leitete ich meine Reparaturmaßnahme mit der üblichen pädagogischen Reinigung ein: »Typischer Fall! Schwerer Bedienungsfehler!« sagte ich.

»Nein«, entgegnete die junge Dame kühl und führte einen Lidstrich ungerührt zu Ende.

Hier war, so schien mir, Begeisterung nur durch eine fachliche Hochleistung auszulösen. Ich strengte mich an.

»Ihr System funktioniert wieder«, sagte ich nach Abschluß der Reparatur.

Ein Blick des Spotts traf mich aus lidbetonten Augen. Die junge Dame legte ihre Hände auf die Tastatur. Ein Blitz fuhr über den Monitor. Dann erschien eine eintopfartige Mischung von Textsalat und Grafikfragmenten.

Die Sekretärin wandte sich in aller Ruhe ihren Fingernägeln zu und begann dezenten Lack aufzutragen. Ich geriet in Hitze, überprüfte die verrückten Chips, kontrollierte das System und fand es in Ordnung. »Bitte«, sagte ich mit ungewohnter Höflichkeit zu der Sekretärin, »versuchen Sie es jetzt!«

Sie legte die gepflegten Finger aufs Keyboard und löste einen neuen Schlag aus. Auch ein dritter Versuch endete mit einer elektronischen Katastrophe.

Ich schwitzte. »Sie müssen elektrisch aufgeladen sein«, sagte ich. »Natürlich«, sagte die junge Dame. »Das merken Sie erst jetzt?« Die Sekretärin heißt Nadja, sitzt inzwischen in meinem Büro und nimmt die Störungsmeldungen entgegen. Mein Telefon und ich halten Nadjas Stromstöße ohne Schäden aus. Ich muß nur darauf achten, daß sich mein Geschäft nicht zu sehr ausweitet. Denn wenn ich die Buchhaltung eines Tages nur noch mit einem Computer bewältigen könnte, müßte ich mich von der blitzeschleudernden Nadja trennen. Und diese Komplikation wäre irreparabel.

Computergeflüster

Jedermann weiß, daß an Stammtischen Korrekturvorschläge zur Politik ausgearbeitet werden. Bekannt ist auch, daß in mancher Amtsstube nur gebrummt wird. Was aber wird in den Computerräumen der Schulen gesprochen? In dieser Frage tappt die Wissenschaft noch im dunkeln. Mit der Veröffentlichung der nachfolgenden Dialoge, registriert in einem gymnasialen Unterrichtsraum für Informatik, versucht nun mcc eine wichtige Forschungslücke zu schließen.

Präludium

7.45 Uhr, vor Unterrichtsbeginn;
Bernd (16) und Benni (17):

Bernd: Mensch, leg doch mal diese Diskette in den Rechner!
Benni: Eine Lösungsstrategie zur Hausaufgabe?
Bernd: Quatsch! Natürlich eine Spieldiskette.
Benni: Toll! Thema?
Bernd: »Lehrerfalle«. Du hetzt einen Lehrer durch die Schule. Überall lauern Gefahren: tobende Schüler, heimtückische Ministerialbeamte, mißtrauische Elternbeiräte.
Benni: Au ja! Wir stellen uns einfach vor, daß wir den Informatik-Nutschke durch die Schule sausen lassen.
Bernd: Geht schon los. Finger auf die Taste. RUN! Siehste: Das Männchen sieht wirklich aus wie der Nutschke.
Benni: Soll'n wir ihn in den Liftschacht plumpsen lassen?
Bernd: Schon verpaßt. Achtung! Jetzt kommen die Vandalen.
Benni: Vandalen?
Bernd: Na ja, eine Menge Schüler.
Benni: Ich laß den Nutschke voll auflaufen.
Bernd: Schalt ab, Benni!
Benni: He, das macht Spaß. Der Nutschke purzelt.
Bernd: Schalt ab, Benni.
Benni: Was ist denn los, Bernd?
Bernd: Hinter uns steht er!
Benni: Wer?
Bernd: Der Nutschke.

Vereinbarung

11.45 Uhr, Informatikunterricht;
Sandra (17) und Frank (18):

Sandra: Du, Frank.
Frank: Hm? Was ist? Konzentrier' dich doch mal!
Sandra: Ach, laß doch den Nutschke quasseln.
Frank: »Sequentielle Datei« - das Thema ist doch interessant.
Sandra: Ich muß dir was sagen.
Frank: Ausgerechnet jetzt? Was denn?
Sandra: Du, ich hab seit gestern einen Home-Computer.
Frank: Wo?
Sandra: Na, wo schon. Daheim, in meinem Zimmer.
Frank: Schön.
Sandra: Du, Frank?
Frank: Hm?
Sandra: Ich bin so schwach.
Frank: Grippe?
Sandra: Ach was! Schwach in Informatik.
Frank: Must du eben besser aufpassen.
Sandra: Tu ich ja.
Frank: Tust du nicht.
Sandra: Bei dir würd' ich aufpassen.
Frank: Der Nutschke ist der Lehrer.
Sandra: Aber nicht am Nachmittag.
Frank: Was soll'n das heißen?
Sandra: Gibst du mir Nachhilfe, Frank? Thema »Sequentielle Datei«?
Frank: Hast du Disketten?
Sandra: Klar. Also um drei? Da kauft Mutti ein.
Frank: Okay. Also um drei bei dir. Aber jetzt sei still, daß ich mitkriege, was Nutschke zur »Sequentiellen Datei« sagt.

Geisterstunde

23.50 Uhr; Liz (17) und Petra (16):

Petra: Mensch, hast du Mut!
Liz: Es muß sein.
Petra: Wo hast'n den Schlüssel her?
Liz: Vom Nutschke geliehen.
Petra: Geliehen?
Liz: Na ja. Geleast nicht.
Petra: Geklaut.
Liz: Nur für einen Tag. Kapier doch, Petra.
Petra: Meinst du, es klappt?
Liz: Klar. Wir machen jetzt am Computer die Übung zu den Indexgrenzen. Morgen haut's den Nutschke um - wenn wir alles können.
Petra: Mensch, wenn der Hausmeister kommt!
Liz: Ach was! Um die Zeit? Der schnarcht doch längst.
Petra: Also los! Schalt ein!
Liz: Schon gescheh'n.
Petra: Programm läuft.
Liz: Sag ich ja!
Petra: Du, Liz!
Liz: Ja, was ist?
Petra: Hast du eigentlich Angst vor Gespenstern?
Liz: Denk an was anderes. Denk an Algorithmen, Petra!
Petra: Ich meine ja nur. Da knackt's so komisch.
Liz: Ist doch der Computer.
Petra: Wirklich?
Liz: Mensch, mach mich nicht verrückt.
Petra: Du, hörste wieder nix?
Liz: Doch. Jetzt. Jetzt war was!
Petra: Komm, wir hauen ab!
Liz: Also gut. Es ist wirklich unheimlich.
Petra: Hast du dir Informatik so vorgestellt, Liz?
Liz: Nee. Bei weitem nicht so geisterhaft. Ich dachte, da läuft alles ganz sachlich ab.

PC-Konkurrenz

»Natürlich weiß ich, daß wir mehr Computer verkaufen müssen, Boß. Aber glauben Sie wirklich, daß wir die Konkurrenz auf diese Weise schlagen können?«

Aus dem »Bilder-Atlas« von 1880, neu getextet von Erich Pawlu

Seit Jahren lagen wir, die Mitarbeiter der Firma Reddy & Sons, mit Klickele & Filz im geschäftlichen Clinch. Beide Unternehmen produzierten um die Wette Personal Computer für die Sekretärin von morgen. Aber obwohl wir zusammen an der Spitze des Fortschritts marschierten, wollte in unserer Chefetage keine rechte Freude aufkommen.

Während wir die Computer der sechsten Generation konzipierten, traf uns wie ein Keulenschlag die Agenturmeldung, daß bei Klickele & Filz die programmierte Geburt der siebenten Computergeneration unmittelbar bevorstehe.

Jim R. Reddy, unser Firmenzeus in den Staaten, schleuderte statt eines Blitzes ein Telex über den Atlantik. Wir sollten uns, so befahl er, gefälligst sofort etwas einfallen lassen und die lästige Konkurrenz übertrumpfen.

Das entsprach voll unseren eigenen Absichten. Unsere Werbeabteilung schuf Prospekte, die den bebilderten Nachweis führten, daß sich Bo Derek, Nastassja Kinski und Desirée Nosbusch an unseren Computern so wohl fühlten wie an einem Sandstrand der Karibik. In unseren Konstruktionsbüros jagten sich die Brainstorms wie die Donnerwetter in einer Tiefdruckrinne. Die dynamischen Reddy-Mitarbeiter im Außendienst verkündeten überall im Land, daß eine Zukunft ohne Reddy-Systeme einen Rückfall in die Steinzeit bedeute.

Leider erwiesen sich alle Maßnahmen als wirkungslos. Klickele & Filz verzichtete auf kostenintensive Werbebroschüren und auf die Abbildungen leicht bekleideter Stars, intensivierte aber die Beziehungen zu einflußreichen Vorzimmerdamen von Ministern und Staatssekretären. Es verbreitete sich sogar das Gerücht, daß Klickele & Filz eine geschulte Truppe von imposanten Männern mit Bodybuilding-Charme an der Front der seelisch vernachlässigten Politsekretärinnen einsetzte. Jedenfalls sonnte sich Klickele & Filz im Glanz staatlicher Gunst und verkaufte massenweise Computer an Schulen und Universitäten.

Wir waren entschlossen, mit Hilfe einer fünften Kolonne die Computer der siebenten Generation von Klickele & Filz bei den Abnehmern madig zu machen.

Wir warben junge Damen an, die zwar nicht so teuer, aber ebenso verwirrend waren wie Bo Derek, Nastassja Kinski oder Desirée Nosbusch. Diese Geheimwaffen setzten wir auf die Führungskräfte bei Klickele & Filz an. Unser Gegenschlag erwies sich als Volltreffer. Der von Klickele & Filz angeheuerte Trupp professioneller Herzensbrecher wandte sich von seinen politischen Zielobjekten ab und fiel unseren char-

manten Agentinnen willig in Hände und Arme. Jim R. Reddy erteilte unserer subversiven Aktion seinen transatlantischen Segen.
Aber wir begannen zu früh zu feiern. Bei den politischen Sekretärinnen, die infolge unserer strategischen Verteidigungsinitiative auf den Zuspruch der muskulösen Einsatztruppe von Klickele & Filz verzichten mußten, stellten sich Entzugserscheinungen ein. Der Liebeskummer weckte in den vernachlässigten Vorzimmerseelen das Bedürfnis, sich an unserer Firma zu rächen. Daraufhin stieg die Zahl der Staatsaufträge für Klickele & Filz stürmisch an.
In dieser Situation orientierte sich Jim R. Reddy, unser Boß, an den Gepflogenheiten der internationalen Diplomatie. Mit einem Blitzgespräch über Satellit mahnte er uns, Abrüstungsverhandlungen einzuleiten. Seitdem konferieren wir fast täglich mit einer Delegation von Klickele & Filz über die Möglichkeiten, die gegenseitige Bedrohung abzubauen, damit beide Unternehmen überleben können. Auch bei der Ausgestaltung unserer Verhandlungsrunden übernehmen wir die Sitten der großen Politik. Während wir uns zeitraubend beschimpfen, Delikatessen futtern und uns gelegentlich gemeinsam betrinken, koppeln wir unsere konkurrierenden Computer aneinander und lassen vollintelligente Konzepte für bilaterale Rüstungskontrollen entwickeln.
Manchmal hat es den Anschein, als stünden wir unmittelbar vor einem Ende der Konfrontation. Aber immer, wenn wir unsere beiden Einsatztruppen zur Zurückhaltung auffordern, stoßen wir auf größte Probleme. Den Muskelprotzen von Klickele & Filz und den fotogenen Schönheiten unseres Unternehmens macht die hitzige Tätigkeit so viel Spaß, daß sie sich mit aller Kraft gegen das Ende des kalten Krieges sträuben.

Statt Schulerfolg: Sieg im Universum

Alle Welt beschimpft die elektronischen Video-Kriegsspiele. Dabei wird übersehen, daß der Beruhigungseffekt dieser War-games auch der professionellen Pädagogik zugute kommt. Der Besuch einer Spielhalle kann einem Kollegstufenschüler eine wertvolle Hilfe bieten, wenn es um die Bewältigung täglich anfallender Probleme geht. Das beweist der folgende Einblick in Seele und inneren Monolog eines gymnasialen Players.

15.30 Uhr: Mit Stinkwut aus dem Leistungskurs. Peschke verpaßt mir vier Punkte. Muß den Kursleiter morgen irgendwie erledigen. Vorläufig zeige ich ihm bei der Heimfahrt, wo mehr Kraft steckt: Überhole auf meiner Honda seine lahme Kutsche mit knapp 100.

16.00 Uhr: Betrete Spielhalle »Terra 2000«. Verscheuche schwächliche Rocker vom Car-Hunting-Automaten. Investiere fünf Mark. Jage eine Limousine (Peschkes Marke) im Simulator durch Haarnadelkurven in eine plötzliche Schlucht. THE END. Fühle mich etwas freier.

16.10 Uhr: Overkill-Gerät leider immer noch besetzt. Feuere am Star-Battle-Automaten ein paar Raketen gegen UFOs ab. Einem UFO gelingt atomarer Gegenschlag. Erneute Stinkwut: Schieße die nächsten kosmischen Angreifer glatt ab. Beifall von ein paar Kiebitzen. Kleines Triumphgefühl.

16.20 Uhr: Overkill-Gerät endlich zugänglich. Jetzt bin ich voll am Drücker. Zerstäube zur Einübung drei feindliche Sternnebel. Akustisches Warnsignal. Klarer Fall: Habe vergessen, Laserkanone nachzuladen. Sorge mit zehn Mark für totale Overkill-Bereitschaft.
Hinter einer kleinen Milchstraße versteckt, schickte das kosmische Ungeheuer seine Armada von Untertassen gegen mich los. Lasse mich nicht reinlegen. Setze nur Raketen ein. Voller Erfolg. Totale Vernichtung der Feinde. Habe richtig kalkuliert. Jetzt erst kommen die Luftflotten mit den Wasserstoffbomben aus dem Planquadrat VI A. Schalte sofort auf Overkill. Tolles Lichterspiel: Ein absoluter Sieger.

16.30 Uhr: Trinke als Retter der Erde ein paar Klare an der Theke. Die Bedienung bewundert meine Schieß- und Trinkstrategie. Das Mädchen heißt Karin und fährt voll auf mich ab. Peschke ist eine Null. Werde ihn morgen im Leistungskurs doch nicht mit einem linken Haken empfangen. Bin schließlich ein friedlicher Mensch.

Beseelter Mikro-Text

Bisher konnte man sich nur in Poesiealben, in Gipfel- und in Gästebüchern einen Einblick in die Regungen der deutschen Seele verschaffen. Das Mikro-Zeitalter hat uns eine neue Möglichkeit beschert, den nationalen Schatz an verborgenen Gedanken und Empfindungen ans Tageslicht zu heben. Wer in Computershops oder bei Bürotechnikfirmen ein Textverarbeitungssystem ausprobiert, kann beim Tipptest sein Unterbewußtsein bequem entblößen. So füllt sich die Diskette mit wunderlichen Eingebungen. micro präsentiert erstmals eine solche Sammlung elektronischer Herzensergießungen.

Grübelei
Tolles System: absolute Spitze, leicht beherrschbar. Gedanke, während ich hier probeschreibe: Was sagt Helene, wenn ich das Textverarbeitungsgerät auf die Spiegelkommode im Schlafzimmer stelle? Krach oder nicht Krach, das ist hier die Frage. Meine Tragik: Jeden Computer habe ich sofort im Griff. Nur Helene bleibt mir ein Rätsel.

Liebesbriefe
Schön, so ein Textferarbeitungssistem. Aper eickentlich zu teuer. Weil ich wil ja nur ein Paar Brieffe an Nadja schreiben. Nadja sakt immer, meine Schrifft ist so krizzelich. Ich muß zugehben, dass der Computer schöner schreipt alls ich. Ich wil mich erkundicken, ob ich dass Geräht mit Raaten kauffen kan. Mit Computerbrieffe kennte ich Nadja toll immponnieren. Da sieht ales, waß ich schreibe, gleich viel intiligenter aus.

Paragraphen
Ich heiße Rudolf Wilkins und schreibe erstmals auf einem Textverarbeitungssystem. Was für ein leichter §§§§§nschlag! Ich hätte §§§§§nna mitnehmen sollen, damit sie sieht, wie ich auf §§§§§nhieb den Computer beherrsche. §§§§§ber jetzt hat sich ein kleiner Fehler eingeschlichen. Sollte etwa die Taste mit dem großen §§§§§ falsch programmiert sein? Lauter Paragraphen! §§§§§ch Gott! Wissen die Chips etwa, daß ich beim Juraexamen durchgefallen bin? §§§§§n und für sich bin ich für den Fortschritt. §§§§§ber dieses System hier kaufe ich nicht. Es ist mir zu intelligent!

Geheimbrief
Liebe Tanja, heute kann ich Dir nur ganz kurz schreiben. Als Azubi muß ich ja leider tun, was der Chef sagt. Und heute arbeite ich in der Kopiergeräteabteilung. Aber Du wirst bestimmt vor Betriebsschluß meine tägliche Diskettennachricht abrufen. Und da willst Du erfahren, ob wir uns heute treffen. Also, heute geht es nicht, Tanja. Leider. Weißt Du, gestern hast Du bei Pietrino zwei Pizzas für insgesamt 14 Mark gegessen. Auf meine Rechnung. Nun besitze ich nur noch vier Mark achtzig. Das ist schlecht für die Liebe. Aber am ersten haben wir uns wieder lieb, ja? Und gehen zu Pietrino. Dann darfst Du drei Pizzas essen, Ehrenwort, auf meine Kosten!

Katzenjammer
Ich, Frieda Nuschl, sitze noddljohoi traurig vor den Tasten und tippe. Franz, mein Lyriker, ist kkkkkkkum fort. Mit der Schlampe Dunja! Nur weil sie axgequaete schwarze Augen hat. Und weil sie ein Textverarbeitungssystem vuguweeagriho beherrscht. Und dem Franz die Manuskripte schreibt! Aber ich will's den beiden twufun zeigen! Ich kaufe mir dieses FWEÖT Gerät. Dafür kratze ich alles Geld zusammen. Und dann übe ich. Meinetweffelli Tag und Nacht. Und wenn ich perfekt bin, schreibe ich selber GeGeGeGedichte! Und mache dem Franz Jibjezeewbt Konkurrenz! Und werfe Bestseller auf den Markt. Bis Franz reumütig zurückgekrochen kommt. Uihahahahaha. Und dann heiratet er mich. Mich, die Lyrikerin Frieda Nuschl.

Träume

Morgen wird uns dieses System ins Büro gestellt. Und heute übe ich hier in der Lieferfirma. Herr Krutlick, mein Chef, soll staunen: Morgen früh setze ich mich an die Tastatur und tippe gleich fehlerlos den ersten Serienbrief ein. »Aber Fräulein Nickedei«, wird mein Chef sagen, »aber Fräulein Nickedei! Sie sind ja ein Talent!« Und ich werde antworten: »Nicht nur am Textverarbeitungssystem, Herr Krutlick.« Vielleicht kapiert er dann endlich, was ich mir erträume.

Verwandlungen im Mikro-Zeitalter

Niemand zweifelt daran, daß der Computer die Technik der Zukunft entscheidend verändern wird. Nicht allgemein bekannt ist jedoch, wie der Mikro schon heute auf die deutsche Psyche einwirkt. Die nachfolgenden Bekenntnisse gewähren einen Einblick in die computerbefriedete Seelenlandschaft zweier Zeitgenossen.

Stabilisierung eines Ästheten

»Ich gebe zu, ich war nahe daran, den Glauben an das Gute im Menschen zu verlieren. Die allgemeine Schlamperei in Kleidung, Benehmen und Denken bekümmerte mich zutiefst. Die rüden Umgangsformen meiner Zeitgenossen inspirierten mich schließlich zu einer Denkschrift über den Verlust der Bitte. Eines Tages erhielt ich jedoch einen Computer - ein Gerät, das nicht nur Rechnungen, sondern auch Grafiken auf den Bildschirm zaubern kann.

Seitdem weiß ich, daß auch unserer fehlerhaften Welt eine verborgene Schönheit innewohnt. Zwar sammle ich weiterhin unerfreuliche Nachrichten aus den Medien, doch sobald ich meinem Computer die Zahlen zur unaufhaltsamen Ausbreitung der Kopflaus in Mitteleuropa, zum deutlichen Rückgang der Lust der Deutschen am Halswaschen und zur wachsenden Freude meiner Landsleute am filmisch verarbeiteten Kinnhaken einspeise, antwortet er mir per Monitor mit den hübschesten Diagrammen. Ich staune über die Anmut, in die sich die Unzulänglichkeiten der Welt auf elektronischem Wege verwandeln, und sonne mich inmitten des allgemeinen Sittenverfalls im Glanze einer neuen Ästhetik.«

Triumph der Graphologie

»Jahrelang ging alles gut. Mit Sensibilität, Intuition und Handbuchwissen analysierte ich eingesandte Schriftbilder, hielt meine Eingebungen in Schönschrift fest und sandte die Analysen meinen Klienten honorarpflichtig zu. Mein Beruf ernährte mich gut, obwohl ich unbestechlich die wildesten Wünsche aus den schönsten Schleifen und die geheimsten Schwächen aus schwungvollen Unterlängen las. Per Nachnahme verschaffte ich meinen Mitmenschen einen Einblick in die Abgründe ihrer Individualität.

Eines Tages jedoch reagierte ein von mir stark beschimpfter Steinbock auf unerwartete Weise. Er legte meinem Computer meine eigene Schrift zum Zwecke graphologischer Charakterdeutung vor und sandte mir anschließend den Ausdruck. Der Inhalt war niederschmetternd: Gespaltenes Individuum, oberlehrerhaftes Verhalten, ausgeprägte Neigung, unwissenschaftliche Behauptungen hartnäckig zu vertreten.

Anfangs wollte ich eine Bürgerinitiative gegen den elektronischen Fortschritt ins Leben rufen. Aber schließlich ging ich zuerst in mich und dann zu einem Computerhändler. So fand ich schließlich den Weg zu einer harmonischen Symbiose zwischen mir und den graphologiefähigen Chips.

Ich besitze inzwischen selbst einen Mikro mit Graphologie-Software, verbunden mit einem Typenraddrucker. Heute verfolge ich voller Behagen, wie mein Gerät die Mitmenschen auf der Basis einer objektiven Schriftdeutung bekrittelt. Ohne schlechtes Gewissen verschicke ich die elektronisch ausgefertigten Gutachten. Ich gelte als Autorität. Endlich kann ich der Menschheit die Augen öffnen, ohne mir selbst in die Seele blicken zu lassen.«

Ein Weg zur Frustfreiheit

Über Entspannung beim Overkill

Seitdem sich im Obergeschoß unseres Hauses die Spielhalle mit den Videoautomaten eingemietet hat, bin ich ein neuer Mensch. Meinen Arbeitsplatz im Büro verlasse ich bei Betriebsschluß zwar noch unausgeglichen und bedrückt. Aber dann bin ich am Drücker. Vor aufblinkenden Automaten sage ich den Außerirdischen den Kampf an. An jedem Feierabend zerstöre ich per Laserkanone ein Dutzend Raumschiffe. Und mit Genuß jage ich zwanzig Overkill-Raketen gegen feindliche Sternnebel. Dann betrete ich friedlich meine Wohnung im dritten Stock und verspeise an der Seite meiner Frau behaglich die dampfenden Kartoffelpuffer samt Dosenwürstchen mit Senf. Eva ist von Natur aus mild und deshalb nicht auf den täglichen Abschuß extraterrestrischer Aggressoren angewiesen.

Früher hatte ich zur Ruhigstellung meines Innenlebens direkte Auseinandersetzungen nötig. In der Schule war mein linker Haken allgemein gefürchtet. Zu erstem Ruhm gelangte ich als Erfinder des Spiels »Lehrer vernichten«. Die Zeugnisse prophezeiten mir eine freiheitsbegrenzte Zukunft. Mein Klassenleiter Klose riet mir, mich bei meiner ferneren Lebensgestaltung vor Ländern mit mittelalterlichem Strafrecht zu hüten.

Kürzlich stieß ich mit Klose auf der Straße zusammen. Er erkannte mich sofort, und deshalb verharrte er bleich und scheu in meiner Umklammerung. Aber er hatte Glück. Es war Samstagmittag, und am Wochenende erledige ich mein Tagesquantum an Untertassen schon gegen elf Uhr. Höflich stelle ich meinen ehemaligen Lehrer auf die Beine. »Marek!« rief Klose verwundert, »sind Sie etwa Mitglied einer Friedensbewegung geworden?«

»Das nicht«, sagte ich. »Ich entschlacke auf elektronischem Wege.« Die Art meines Frustrationsabbaus imponierte ihm. Bald standen wir einträchtig nebeneinander in der Spielhalle, fütterten abwechselnd den »Terra 2000«-Automaten mit unserem Geld und paralysierten brüderlich die angreifenden Ufos.

Leider verstand es Klose nicht, seine Triumphe seelisch zu verkraften. Nach der besonders glatten Vernichtung einer kosmischen Armada bestieg Klose seinen Mittelklassewagen im rauschhaften Zustand des totalen Siegers und lernte die Schattenseiten des elektronischen Zeitalters kennen: Ein Radargerät wies ihm weit überhöhte, nahezu astrale Geschwindigkeit nach. Der Führerscheinentzug wurde fälschlich mit Kloses »aggressivem Fahrverhalten« begründet. Seitdem kommt er, zu Fuß und äußerst wütend, nur noch gelegentlich in die Spielhalle, wo er mit Hilfe des Geräts »Car-Hunting« Exekutivbeamte über kurvenreiche Straßen in tiefe Schluchten jagt.

Ich verstehe Herrn Klose gut. Im Grunde sind wir Spielhallenmenschen frei von jeder Feindseligkeit. Aber wenn wir diszipliniert und reaktionsschnell unsere Erde von außerplanetarischem Ungeziefer freigehalten haben, erwarten wir von unseren Mitmenschen auch entsprechende Anerkennung.

Es ist höchste Zeit, daß die Bundesrepublik verkabelt wird. Am heimischen Bildschirm können dann alle Deutschen, gleichsam Schulter an Schulter, Laserkanonen und Atomraketen abfeuern. Das macht sie letztlich friedlich und mild. Erst mit dem gewissen Overkill-Erlebnis werden alle Menschen frustfreie Brüder.

Qualitätszirkel

Ein paar alarmierende Nachrichten aus Silicon Valley machten Herrn Kringler, unseren Chef, sichtbar nervös. »Wir stellen vollintelligente Computer her«, sagte er. »Das verpflichtet uns, auf die schwierige Marktsituation vollintelligent zu reagieren. Schratt & Schödl braucht sofort einen Qualitätszirkel.« Zusammen mit sieben Kollegen wurde auch ich in den Quality Control Circle berufen. Herr Kringler erläuterte als Moderator unsere Aufgaben: »Sie sollen über Ihre Arbeit nachdenken, meine Herren. Mitverantwortlich werden Sie dabei Ihr Selbstwertgefühl steigern und die in Ihnen schlummernden Potentiale wecken. Schließlich werden Sie mir Wege zur Verbesserung der Produktqualität aufzeigen.«

»Gebt mehr Kabel, Leute! Bis morgen muß das Multiuser-Netz für die Bergwacht fertiggestellt sein.«

Aus »Die Gartenlaube« von 1862, neu getextet von Erich Pawlu

Schon in der ersten Sitzung erreichten wir ein Teilziel. Obwohl wir alle damit ausgelastet waren, den Stolz auf die soeben erlangte Vertrauensstellung zu unterdrücken, entwickelten wir ein gesundes Selbstbewußtsein. Schon nach wenigen Stunden fühlten wir uns sogar den nebenan produzierten vollintelligenten Systemen überlegen.

Bald lieferten wir auch den Beweis, daß wir über kreative Potentiale verfügen. Als wir im Brainstorming-Verfahren die Betriebsprobleme diskutierten, versetzten wir uns einfühlsam in die Seele der Sekretärinnen und in das Schaltgefüge unserer Hardware.

Aber es zeigte sich, daß Unmengen von Fragen erörtert sein wollten. Der Qualitätszirkel, der ursprünglich einmal pro Woche zusammentreten sollte, begann permanent zu tagen.

Zur Verbesserung der Produktqualität war es noch ein weiter Weg. Im Verlauf der Sitzungen erkannten wir, daß wir zu wenig Erfahrung in der gruppendynamisch korrekten Abwicklung einer Ganztagsdiskussion hatten. Komplikationen bei der rhetorischen Rollenverteilung und bei der Bewältigung des ausufernden Informationsflusses veranlaßten Herrn Kringler, uns alle auf Fortbildungslehrgänge zu schicken. Das war aufwendig und zeitraubend. Aber wir lernten, welche Tricks anzuwenden sind, wenn man beim Brainstorming flexibel und beim störrischen Monolog kompromißbereit wirken will. Zwei Kollegen ließen sich in Japan schulen und bereicherten die Zusammenkünfte des Zirkels fortan mit ostasiatischer Gelassenheit.

Überhaupt gewann unsere Diskussionsrunde bemerkenswert an Niveau. Die Referate zu den Themen »Herstellungskosten voll im Griff«, »Strategien zur Konfliktbewältigung am Arbeitsplatz«, »Prompte Reaktion auf neue Techniken« und »Wie schlägt man die Konkurrenz« hätten

auch dem Hörsaal einer Hochschule Ehre gemacht. Unser Diskussionsprogramm war auf Jahre hinaus gesichert.
Ich hatte dafür zu sorgen, daß die Belegschaft von Schratt & Schödl unsere Diskussionsergebnisse gründlich diskutiert. Systematisch überschwemmte ich die Fabrikationshallen mit unseren Thesenpapieren. Tatsächlich sprang der geistige Funke über. Überall an den Arbeitsplätzen entzündeten sich engagierte Gespräche über verbesserte Produktionsbedingungen. Die Belegschaft entwickelte ihrerseits Thesenpapiere, die vom Qualitätszirkel analysiert, begutachtet werden mußten.
Inzwischen hat ein Rausch alle Mitarbeiter erfaßt. Als erste Firma des Abendlandes nähern wir uns im Bereich der innerbetrieblichen Diskussion dem vollintelligenten Status. Möglicherweise gelingt es uns schon in naher Zukunft, die ganze Belegschaft zu einem riesigen Qualitätszirkel aufzustufen. Der Chef schließt alle unsere Sitzungen mit dem stolzen Wort: »Wir können mit dem Erreichten zufrieden sein.« Damit spricht er allen Arbeitern und Angestellten aus dem Herzen. Sogar an den Fließbändern verlaufen die Diskussionen inzwischen so fließend, daß selbst arbeitsplatzferne Verfechter gruppendynamischer Prozesse ihre Freude hätten.
Nur ein ganz kleines Problem haben wir noch nicht in den Griff bekommen. In den letzten Tagen wurde kein einziger vollintelligenter Computer fertiggestellt. Offenbar hat ein Teil der Belegschaft inzwischen vergessen, was wir eigentlich produzieren. Aber angesichts der spürbar gestiegenen Arbeitszufriedenheit sehen wir, die Mitglieder des engeren Qualitätszirkels, allen Herausforderungen des Marktes mit Optimismus entgegen.

Elektronische Impulse im Büro

In aller Stille hat die elektronische Textverarbeitung ihren Siegeszug durch die Büros begonnen. Diese lärmfreie Revolution hängt auch damit zusammen, daß Chips, Bits und Mikroprozessoren unter den Kunststoffverkleidungen ein lautloses Wesen treiben. Um so dringender ist es, den betroffenen Büromenschen zu Wort kommen zu lassen. Hier einige Antworten auf die Frage: »Welche Erfahrungen haben Sie mit Ihrem Textcomputer gemacht?«

»Vor Überraschungen ist man da nie sicher. Heute morgen schalte ich mein System ein, und was erscheint auf dem Bildschirm? Eine Empfehlung zur Nutzung meiner Freizeit-Möglichkeiten. Natürlich war das der schüchterne Herr Kleinkühn, den ich immer abblitzen lasse. So sagte er mir tapfer auf elektronischem Wege, daß ich keinen Zeitmangel geltend machen kann, wenn er mich zum Essen einlädt.«

Tatjana Zisch, 19, Sekretärin

»Das elektronische System verändert den Menschen sehr positiv. Bisher war Frau Klinkl immer so unnahbar. Wenn sie jetzt beim Output »Error« verzagt an ihren Nägeln beißt, wirkt sie richtig schutzbedürftig. Ich überlege, ob ich meiner Frau zum Geburtstag nicht ein elektronisches Textverarbeitungssystem schenken sollte.«

Hugo Ruppig, 34, Programmierer

»Einfach toll ist das neue System. Mit unseren Mehrfachanschlüssen können wir uns Nachrichten übermitteln, die man bisher schwer aussprechen konnte. Heute habe ich dem Kollegen Rüble mitten in eine Bilanztabelle eine private Meinung gesetzt. Sobald er den Monitor einschaltet, weiß er nun, daß er mir seit dem Betriebsausflug 35 Mark schuldet.«

Erwin Knick, 48, Buchführungshelfer

»In meinem Schreibtisch liegt die Systemsoftware und die Servicediskette. Ohne mich läuft hier nichts mehr. Sogar Herr Brausekiel behandelt mich jetzt mit großem Fingerspitzengefühl. Einmal mußte er mich erst fragen, ehe ich den Schreibtischschlüssel rausrückte. Die Elektronik hat neues Leben in unser Büro gebracht.«

Frieda Schnapp, 46, Textverarbeiterin

Computergeschichten

Der Minister, auf dem Parteitag von seinen eigenen Freunden hart kritisiert, entschließt sich zu einem befreienden Bad in der Menge und besucht eine Industriemesse. Während des Rundgangs tritt er vor einen Computer. In einem Anflug von Galgenhumor fordert er den Vertreter der Herstellerfirma auf, ihm einen elektronisch errechneten Überblick über die Stationen und die Dauer seiner künftigen Politkarierre zu geben. »Unsere kleinen Geräte«, sagt der Fachmann, »sind für große Aufgaben ausgelegt. Man sollte sie nicht unterfordern. Wir belasten sie gewöhnlich nicht mit düsteren Kurzzeitprognosen, die jedermann ohnehin im Kopf erstellen kann.«

»Wie hoch ist die Wahrscheinlichkeit, daß unsere Verbündeten in dieser Frage einer Meinung sind?« fragt der westliche Staatsmann seinen neu ernannten Berater.
»Ich gebe sofort alle Daten für ein komplettes Planspiel ein und befrage die Computer«, antwortet der Experte eifrig. Nach einer Weile kommt er dann bleich zurück.
»Was ist?« fragt der Politiker.
»Wir erhalten völlig verwirrende Ergebnisse. Sogar die Plausibilitätskontrollen sind total konfus. Irgendein Defekt!«
»Ja«, sagt der Staatsmann, »der übliche Defekt im Bündnis.«
»Gott sei Dank«, murmelt der Berater. »Ich dachte schon, unsere elektronischen Systeme funktionieren nicht mehr.«

Ein Ostblockführer besucht die Computerschau auf der westlichen Industrieausstellung.
»Kann Ihr Land mit den westlichen Entwicklungen Schritt halten?« fragt ihn ein kecker Reporter. »Durchaus«, sagt der Politiker. »Lassen Sie Ihre Computerbauer doch einmal mit unseren Leichtathleten um die Wette rennen. Dann reden wir wieder darüber, wer Mühe mit dem Schritthalten hat.«

Ein Scheich, des ewigen Zählens müde, beschafft sich zur Regelung der im Harem anfallenden Entscheidungen einen Personal Computer.
»Na, bist du mit dem neuen System zufrieden?« fragt ihn sein Bruder nach ein paar Wochen.
»Ich schon«, sagte der Scheich. »Aber meine Haremsdamen nicht.«
»Und warum nicht?« will der Bruder wissen.
»Der Computer sagt mir zwar, welche von meinen Frauen mich endlich mal wieder sehen sollte. Aber er ist auch mit dem Spotmarkt in Rotterdam verbunden.«
»Na und?«
»Die Stagnation des Ölabsatzes stimmt mich so depressiv und antriebslos, daß ich nur noch alle vier Wochen die dringendste Privatangelegenheit erledige.«

Der Landwirtschaftsminister zeigt sich beim Rundgang durch die Ausstellungshalle der Computerfirma tief beeindruckt. »Sehr schön«, sagt er, »und zum Schluß rechnen Sie mir aus, wieviel Milch jeder einzelne Deutsche trinken muß, damit der europäische Milchsee geleert wird.«
»Eine Milchmädchenrechnung«, meint die junge Dame am Computer, speist die Zahlen ein und läßt die Finger über die Tastatur tanzen.
Als das Ergebnis auf dem Bildschirm steht, sagt der Minister: »Solche Milchmengen schafft nicht mal ein Mensch, der sich anstrengt, ins Guiness-Buch der Rekorde zu kommen. Sie müssen sich verrechnet haben, Fräulein.«
»Mein Output stimmt«, sagte die junge Dame. »Aber ein EG-Agrarminister hat offenbar keine Ahnung vom Output einer Kuh.«

Nachdem der hohe Gast über die Leistungsfähigkeit des Mikrocomputers unterrichtet worden ist, geht er ins Detail.

»Läßt sich das Gerät auch in Flugzeuge einbauen?«
»Dafür ist es nicht vorgesehen, Herr Staatspräsident.«
»Ist es brauchbar für Panzer?«
»Kaum.«
»Für Kanonen.«
»Nein.«
»Ja, zum Donnerwetter, wofür soll ich Ihr System dann eigentlich kaufen?«
»Für Menschen, die rechnen müssen.«
»Rechnen? Bei uns rechnet vor allem meine Regierung. Und zwar mit einem baldigen Staatsstreich. Also, wo haben Sie einen brauchbaren Computer?«

Geisterstunde am PC

Der ironische Unterton war nicht zu überhören, als der Chef fragte: »Na, haben Sie das System endlich begriffen?« Karl Kringler nahm seine ganze Kraft zusammen und log: »Alle Probleme im Griff, Herr Direktor. Ab morgen wickeln wir die Lohnbuchhaltung auf elektronischem Wege ab.« In Wirklichkeit betrachtete Karl Kringler den Personal Computer auf seinem Schreibtisch noch immer wie einen persönlichen Feind. Dem Angestellten schien es, als verhielte sich der Computer renitent und aufmüpfig. Auf Kringlers Kommando reagierte er mit höchst eigenwilligen Antworten, und beim kleinsten Eingabefehler verstieg sich der Geist des Systems in surrealistische Gefilde, aus denen er die verwirrendsten Auskünfte auf den Bildschirm sandte.

»Warum brechen wir eigentlich in dein eigenes Haus ein, Karl?« – »Ach weißt du, Irene sperrt dauernd ab, wenn sie ihr Tagebuch per Computer führt. Und diese Diskette hätte ich so gern einmal gelesen.«

Aus »Der schwäbische Postbote« von 1903, neu getextet von Erich Pawlu

Der Chef rief erleichtert: »Ich beglückwünsche Sie zu Ihren elektronischen Fortschritten, Herr Kringler. Also Sie übernehmen morgen die Verantwortung für die Lohnbuchhaltung. Und Fräulein Prestel kann sich endlich um die Textverarbeitung kümmern.«

Da faßte der Buchhalter den Entschluß, sich während der Nacht an seinen Schreibtisch zurückzustehlen, um dem Personal Computer das Fürchten zu lehren.

Als der Mond die Stadt und Kringlers Reihenhäuschen beschien, kroch der fortbildungswillige Buchhalter aus den Federn und verließ Weib und Kind, um mitten in der Nacht seine elektronische Anlage zu umwerben. Leise schlich er sich ins Büro, setzte sich vor den Personal Computer, versuchte diesen mit einer gemurmelten Drohung einzuschüchtern, orientierte sich im Handbuch über die Möglichkeit der elektronischen Lohnbuchhaltung und übernahm energisch das Kommando über das Keyboard.

In der Stille der Nacht hatte Kringler keine Probleme mit der Konzentration. Vielleicht lag es daran, daß sich der Computer jetzt willfähriger als sonst zeigte und seine eigenartige Lust an der Entwicklung absurder Outputs zurückstellte.

Als schließlich auf dem Bildschirm eine korrekte Lohntabelle erschien, war Karl Kringler nahe daran, einen Jubelschrei auszustoßen. Aber da zeigten die Uhren der Stadt die Mitternacht an. Und zur Geisterstunde jubelt man nicht.

Jetzt verwandelt sich der Computer gleichsam in einen folgsamen Hausgeist und erfüllte alle buchhalterischen Wünsche seines Herrn. Karl Kringler begann über die mystische Komponente der Computerarbeit nachzudenken, als er plötzlich zusammenzuckte. Ein Geräusch auf dem Gang vor dem Büro gab dem Buchhalter das Empfinden, daß der Gespensterglaube in Mitteleuropa zu voreilig aufgegeben worden war. Kein Zweifel: Tastende Schritte näherten sich. Kringler fühlte kein Bedürfnis, um Mitternacht einem herumschlurfenden Wesen zu begegnen. Lange genug hatte er mit seinem Computer irrationale Dialoge geführt. Andererseits hatte der Angestellte die feste Absicht, den Drucker als Wurfgeschoß zu verwenden, falls sich Handgreiflichkeiten mit einem Bürogespenst als unumgänglich erwiesen.

Kringler löschte die Schreibtischlampe und spürte, wie er in absoluter Dunkelheit die Mentalität eines listigen Urjägers und geisterbannenden Medizinmanns entwickelte.

Tatsächlich – nach einer bangen Minute öffnete sich die Tür einen Spalt breit, eine bleiche Hand tastete sich an den Lichtschalter heran und ließ die Deckenleuchten aufflammen. Kringler umklammerte den Drucker wie einen riesigen Faustkeil.

Aber er benötigt keine Waffe. Das mitternächtliche Gespenst erwies sich als außerordentlich schüchtern und hieß Monika Prestel. »Beinahe hätte ich Sie niedergeschlagen«, sagte Kringler. »Wie können Sie nur nachts in Büroräumen herumschleichen?« Es stellte sich heraus, daß sich Fräulein Prestel ihrer neuen Arbeitsaufgabe nicht gewachsen fühlte. Im Schutz der Finsternis wollte sie ihre Fertigkeiten im Bereich der Textverarbeitung verbessern. Es dauerte nicht lange, da saßen die beiden nebeneinander vor dem Computer. Auf ein Kapitel Lohnbuchhaltung folgte ein Kapitel Textverarbeitung. Gegen Morgen kapitulierte der PC endgültig vor dem harmonischen Team und legte seinen Hang zur surrealistischen Weltinterpretation ab.

»Das ist ja gespenstisch«, sagte der Chef am nächsten Tag, als er die souveräne Arbeit im Bereich Textverarbeitung und Lohnbuchhaltung sah.

Da nickten seine beiden Mitarbeiter mit verschlossenen Gesichtern wie Leute, denen in der Geisterstunde Weltgeheimnisse von großer Tiefe offenbart worden sind.

Ein Roboter für den Zeitgeist

Professor Thomas A. Disson ist ein gewinnender Herr in den besten Jahren. Als er die zuständige Abteilung des Patentamtes betrat, brandete die Wirkung seiner Persönlichkeit durch den Raum. Karin Kringler, die Stenotypistin, hielt den Mann zunächst für einen der sympathischen Naturfreunde, die vorzusprechen pflegen, wenn sie eine Tinktur zur Steigerung der Lebenserwartung gefunden haben. Mit schwärmerisch verschleiertem Blick fragte Karin Kringler den Professor nach seinen Wünschen. »Ich habe ein technisches Patent anzumelden«, sagte Thomas A. Disson nicht ohne Stolz.

Karin Kringler war enttäuscht. Seit immer perfektere Medien den naiven Fortschrittsglauben des Europäers beschimpften, liefen im Patentamt nur noch selten Meldungen zu technischen Neuerungen ein. Sehr viel öfter erschienen Besucher, die abwechslungsreich über die Schattenseiten der modernen Forschung zu plaudern verstanden.

Deshalb nahm Karin Kringler alle Schleier von ihrem Blick, legte das Formular zurecht und bat um nähere Angaben. »Es handelt sich«, so erklärte der Professor, »um einen neuartigen Roboter auf Mikroprozessorenbasis. Er könnte uns helfen, die Japaner beim Fahrzeugbau einzuholen und zu übertreffen.«

Gelangweilt hielt Karin Kringler die Verheißung einer neuerlichen technischen Revolution fest. Während sie tippte, betrachtete sie allerdings das photographische Porträt ihres Freundes Niko, das auf ihrem Schreibtisch stand. Niko studiert Maschinenbau, widmet aber Karin und der technologiefreien Aufzucht von Stallkaninchen den wesentlicheren Teil seiner Intelligenz.

Niko brachte die Nachricht von der unkontrollierten Erfindungswut Professor Dissons bei seinen Mitstudenten in Umlauf. Der gute Ruf des Wissenschaftlers litt beträchtlich. Bald mußte Thomas A. Disson seine Thesen von der zukunftsbeherrschenden Rolle des Roboters vor leeren Bänken erörtern. Auch seine Kollegen von den schöngeistigen Fakultäten behandelten ihn, als habe er gerade ein paar Brunnen vergiftet.

Der verzweifelte Professor wandte sich erneut an das Patentamt und beantragte die ersatzlose Streichung seiner Erfindung.

»So weit würde ich nicht gehen«, sagte Karin Kringler mitleidig. »Sie müßten Ihren Roboter nur mit einem sympathischen Wesenszug ausstatten. Bringt er es denn wirklich nicht fertig, gesundes Brot zu backen? Oder Futter für Stallkaninchen zu häckseln?«

Das war ein guter Tip. Professor Disson sah ein, daß ein Roboter von heute nicht nur der Technik nützen darf. Nach kurzer Zeit trat der Erfinder mit einer echten Sensation an die Öffentlichkeit: Das elektromagnetische Feld des Disson-Roboters, diktierte er zahlreichen Reportern, wirke sich auf die Marienkäferpopulation in der näheren Umgebung ausgesprochen günstig aus. Zumindest gebe es erste Anzeichen, die entsprechende Schlußfolgerungen nahelegten.

Seitdem ist Professor Thomas A. Disson der Star der Universität. Selbst Niko sitzt jetzt andächtig zu seinen Füßen. Manchmal bringt der kaninchenzüchtende Maschinenbaustudent seine Freundin in die Vorlesungen mit. Karin Kringler versteht zwar wenig von deren Inhalten. Aber sobald Professor Disson mit der weichen Stimme eines marienkäferliebenden Menschen die elektromagnetischen Impulse im Schaltgefüge seines Roboters erläutert, verschleiern sich die Augen seiner modern-sensiblen Zuhörerin in rückhaltloser Schwärmerei.

Rekorde am Mikro

Seit Computer die Büros und Privatwohnungen erobern, ist das Guiness-Buch der Rekorde ergänzungsbedürftig. In aller Stille werden an den Keyboards und Monitoren Rekordleistungen erbracht, die einen schönen Beweis für den Leistungswillen und das Durchhaltevermögen unseres Volkes liefern.

Engelsgeduld

Der geduldigste Informatiker der Gegenwart ist Willibald Ranzel aus Eschwege. Im Verlauf einer ganzen Arbeitswoche (38,5 Stunden) erläutert er der Angestellten Edeltraud Vaclahofsky den Begriff »Algorithmus«. Obwohl es ihm gelang, das Interesse seiner Gesprächspartnerin ausschließlich auf dieses eine Wort zu lenken, blieb ihm der entscheidende pädagogische Durchbruch versagt. In der anschließenden Erschöpfungsphase entschloß sich Willibald Ranzel jedoch, sich von Fräulein Vaclahofsky heiraten zu lassen. Sein Wunsch, den gemeinsamen Familiennamen »Algorithmus« anzunehmen, wurde von konservativen Standesbeamten abgelehnt. Erlaubt wurde dem Bräutigam aber, sein Eheversprechen mit dem Gelöbnis zu verbinden, seiner Frau während der kommenden Jahre nicht nur ein Gefühl von Heimat, sondern auch einen lückenlosen Überblick über das ABC der Elektronik zu vermitteln.

Laufrekord

Ein technischer Rekord wird aus Esslingen berichtet: Dort läuft ein Heimcomputer ohne Abschaltung seit dem 30. Oktober 1984. Buchhalter Reiner Mucks hatte das Gerät von seiner Frau Ingrid zum Geburtstag geschenkt bekommen und machte sich, anstatt eine Flasche Sekt zu öffnen, sofort daran, die Software zur Erstellung der Firmenbilanz zu nutzen. Ingrid Mucks fühlte sich um die erwartete Party geprellt und lief schluchzend aus dem Haus. Reiner Mucks, von seiner Computerbegeisterung der häuslichen Wirklichkeit weitgehend entrückt, entdeckte den Verlust seiner besseren Hälfte erst nach drei Tagen. Da stürzte auch er davon. Seitdem gelten Ingrid und Reiner Mucks als verschollen. Zur Zeit wird von Juristen geprüft, wer berechtigt ist, den mit Betriebsgeheimnissen gefütterten Computer zu bedienen oder abzuschalten.

Zivilisierter Streit

Die höflichste und eleganteste Art, einen permanenten Ehestreit auszutragen, entwickelte Christoph Kohlrab aus Treuchtlingen. Die Anschaffung eines Heimcomputers enthob Kohlrab der Pflicht, sich gegenüber den täglichen Anwürfen seiner Gattin lautstark zur Wehr zu setzen. Er speicherte vielmehr seine bösartigen Antworten in sein elektronisches System ein. Seine Frau, Helga Kohlrab, erkannte kurz darauf ebenfalls die Vorzüge der geräuschlosen Auseinandersetzung. Regelmäßig und stumm holte sie sich die elektronischen Attacken auf den Bildschirm und antwortete mit aggressiven Repliken, die sie ebenfalls in das Textverarbeitungssystem eingab. Die Nachbarn des Ehepaars Kohlrab sind voll des Lobes: Seit Anbruch des Computerzeitalters, so berichten sie, sei das Wohnen in einem Block sehr viel störungsfreier.

Zähigkeit

Der zäheste Mensch unserer Zeit ist Friedhelm Lieseschnitz aus Wanne-Eickel. Nachdem er einen Volkshochschulkurs zum Thema »Die Wunder der Mikro-Elektronik« besucht hatte, wurde er von einem ungeheuren Wissensdrang erfaßt und las das Fachbuch zu Mikro-Fragen. Leider fand er in dem Werk für die Abkürzung CPU keine ausreichende Erklärung. Das bewog Friedhelm Lieseschnitz zu dem Entschluß, eine verbindliche Auskunft bei seinem Volkshochschuldozenten einzuholen. Dieser, ein gewisser Rigobert Aal M. A., dozierte aber gerade im Auftrag des Auswärtigen Amts auf einer abgelegenen Südseeinsel. Friedhelm Lieseschnitz plünderte seine Sparbücher, bestieg ein Flugzeug, stöberte Rigobert Aal inmitten einer Schar übermütiger Insulanerinnen auf und bat dringend um Erläuterung der Abkürzung. Im Vollbesitz der Erkenntnis, daß CPU »Central Processing Unit« bedeutet, kehrte Friedhelm Lieseschnitz zunächst hochbeglückt nach Wanne-Eickel zurück.

Allerdings mußte er bei einem Besuch in einem Computergeschäft feststellen, daß ein blutjunger Freak die Abkürzung CPU ohne Mühe und Südseereise erläutern konnte. Daraufhin verfiel Friedhelm Lieseschnitz in tiefe Melancholie. Fachleute sind der Meinung, daß es sich um die erste computerbedingte Depression der Menschengeschichte handelt.

Seesieg

Als erfolgreichster Seesieger aller Zeiten darf sich mit Recht Norbert Strategusse aus Husum bezeichnen. Er fütterte seinen Heimcomputer drei Tage und zwei Nächte lang mit der Spieldiskette »Sea Battle« und torpedierte insgesamt 884 844 Schiffe. Norbert Strategusse war auch nach Beendigung seiner Spiellust guter Dinge, konnte allerdings gegenüber Journalisten seinen Rekord nur mit den Worten »Peng Peng« erläutern.

Schüler-Recycling

Mehrere tausend Jahre lang war es das höchste Ziel der Pädagogik, den zumeist lustlosen Schüler für den jeweiligen Unterrichtsgegenstand zu begeistern. Die Einführung des Fachs Informatik hat hier zu einer Problemverlagerung geführt. Oftmals klammern sich die Elektronikfreaks mit so viel Begeisterung an den Schulcomputer, daß sie den nachfolgenden Unterrichtsstunden nur noch wenig Aufmerksamkeit zuwenden können.

Wie die hier in Auszügen abgedruckten Anleitungen des »Instituts zur Störungsbeseitigung im PC-Zeitalter« (ISP) beweisen, kann der Schüler auch nach einer Informatikstunde zur Aufnahme klassischen Bildungsguts herangezogen werden. Allerdings ist es erforderlich, neue Strategien zu entwickeln, damit das Recycling des Schülergeistes in die stundenplanmäßige Folge der Traditionsfächer ohne Frust erfolgt.

Die alimentäre Methode

Mancher Kunsterzieher wird, wenn ihm seine Schüler aus dem Informatikunterricht geistesabwesend zuströmen, die Illusion von der Faszination der Malerei begraben müssen. Auch alle Happening-Methoden - wie beispielsweise das übermütige Zeichnen in Hängematten - erweisen sich längst als verbraucht und überholt. Aber die Vielschichtigkeit moderner Kunstäußerungen liefert dennoch eine Reihe von Projektstrategien zur Überwindung der Droge Computer: So kann der Kunsterzieher durch eine Art Atelierfest auf Limonadenbasis seine Schüler zu sich selbst und zu ihm finden lassen. Die Verteilung von Käsebroten hat sich in Allgäuer Schulen bereits als wirksames Mittel erwiesen, die Schüler von Bildschirmphantasien zu lösen und zu eigenständig-modernen Kunstäußerungen anzuregen.

Die circensische Methode

Einen besonders schweren Stand hat der Deutschlehrer, wenn er mit seinen Schülern nach der Informatikstunde eine Novelle von Adalbert Stifter lesen möchte. Um den subtilen Stil des Autors verständlich zu machen, wird der Pädagoge zumeist fachfremde Mittel einsetzen müssen. Der akrobatisch begabte Germanist zum Beispiel gewinnt mit einem kühnen Kopfstand im Klassenzimmer die Aufmerksamkeit seiner Klasse. Wirksamer ist freilich die Verpflichtung eines professionellen Artisten, zu dessen Vermittlung die Arbeitsämter gern bereit sind. Der Auftritt eines Feuerschluckers zu Beginn der Deutschstunde stellt zweifellos die Faszination der Computer-Schwachstromelektronik weitaus in den Schatten und vermittelt der Klasse außerdem die Vorstellung, daß Literatur eine leuchtende Sache sein kann.

Die ästhetische Methode

Nach einer Informatikstunde kann der Altphilologe die Reaktivierung seiner Schüler sogar mit fachspezifischen Mitteln erreichen: Ehe er auf eine philosophische Erörterung der antiken Tugenden eingeht, projiziert er für ein paar Minuten ein Lichtbild der Venus von Milo. Erfahrungsgemäß löst sich daraufhin die Klasse von ihren Basic-Träumereien. Eine Überleitung zum Stundenthema dürfte mit dem heiteren Ratespiel »Wo liegt Milo?« gelingen. Der Monolog des Lehrers über die Tugend der Seelenruhe ist störungsfrei schon nach einer Viertelstunde möglich.

Die pekuniäre Methode

Der Mathematiklehrer braucht nicht zu verzagen, wenn er Informatik-Jünger auf sein Fach einstimmen will. Selbstverständlich muß er rechnen. Aber anstelle unbegreiflicher Infinitesimal-Problematik erläutert er in schöner Offenheit, wie er sein Gehalt verwendet. Sobald er darlegt, was ihn die Bausparkasse, sein Kanarienvogel und der Pelzmantel seiner

Frau kosten, sind die Schüler ganz Ohr. Wenn die Klasse abschließend per Taschenrechner gar noch ermitteln darf, welcher Betrag dem Lehrer für Whisky, Pausenbrot und Balkonbepflanzung übrigbleibt, ist die Wirkung des Informatikunterrichts voll abgebaut.

Die akustische Methode

Der Musikerzieher muß sich im klaren sein, daß die donnernde Schallplattenwiedergabe eines Beethoven-Prestos das diskogestählte Schülergehör nicht erreicht. Freaks, die gerade vom Computer kommen, werden aber in spontanes Staunen versetzt, wenn sich der Musiklehrer zum persönlichen Vortrag eines Kinderliedes entschließt. Besonders zu empfehlen ist die Unterlegung eines Textes in Basic oder Pascal, weil so ein Error-free-Dialog zwischen altertümlichem Sänger und modernen Zuhörern gewährleistet ist.

Schallwunder aus dem Computer

Als wir den superschnellen Digitalprozessor X5 einem ersten Test unterzogen, klatschte das ganze Team spontan Beifall. Mit seinen 3000 Oszillatoren und 100 Filtern versetzte uns das System in die Lage, die abendländische Musik revolutionär zu erneuern.
Dieser Computer war mehr als ein Synthesizer. »Der Rechner«, sagte sein Erbauer Hannes Giglmann, »bietet akustische Grundstrukturen, die jeder Komponist nach eigenem Gutdünken ausbauen kann.« X5 konnte tatsächlich die herkömmlichen Klänge fast aller Musikinstrumente imitieren und mit neuen atmosphärischen Verfremdungen bereichern. Mit einem kleinen Tastendruck war ein herrliches Vibrato zu erzeugen, ein anderes Kommando verwandelte instrumentale in vokale Töne. Besonders beeindruckt waren wir, als Hannes Giglmann seinem Apparat die Arie der Königin der Nacht entlockte.
»Jetzt wird es ernst«, sagte Giglmann. Wir brauchen Komponisten, die sich an ein elektronisches Medium wagen.«
Nachdem wir eine Anzeige veröffentlicht hatten, drängte sich vor dem Tor unseres Instituts eine graue Menschenschar, die sich durch eigenwillige Kleidung und Manieren als Ansammlung progressiver Tonkünstler auswies. Die meisten lauschten willig dem Einführungsvortrag von Hannes Giglmann, ließen sich in der Kantine

»Wie soll ich wissen, warum sich eure Haare sträuben? Ihr spielt doch dauernd auf dem Musikcomputer herum. Seht doch erst mal nach, ob ihr den Synthesizer richtig programmiert habt.«

Aus »Hauffs Werke« von 1888, neu getextet von Erich Pawlu

bewirten, nahmen im Büro die Reisekosten entgegen und suchten anschließend murrend das Weite. Offenbar waren diese Komponisten nur den Umgang mit einem simplen Klavier gewohnt und zeigten sich von Giglmanns Fachsprache überfordert. Aber drei Tonkünstler blieben uns auch nach der Mahlzeit erhalten und bekräftigten, sichtlich gestärkt, ihre Absicht, am Durchbruch zur postmodernen X5-Musik mitzuarbeiten.
Rainer Zimischl war ein Künstler, der eine Zeltplane als Kleidung benutzte, sich aber ansonsten nicht gegen den Fortschritt sperrte. Innerhalb weniger Tage entwickelte er einen kompositorischen Gedanken, den er »Widerhall« taufte: Auf die zaghaft fragende Melodie einer echten Geige sollte das X5-Musiksystem mit orchestraler Wucht antworten, wobei die ganze Kapazität des Computers zur Geltung kommen sollte. X5 hatte die Chance zu zeigen, daß er 200 Millionen Rechenvorgänge in der Sekunde bewältigt und in Klangereignisse umsetzen kann.
Unsere Techniker griffen unter Leitung von Hannes Giglmann die Herausforderung auf, stolperten im schalltoten Aufnahmeraum mit traumwandlerischer Sicherheit über Kabel und leiste-

ten hervorragende Programmierarbeit. Die erste Probe konnte beginnen. Kaum war die zaghaft fragende Melodie der Geige verklungen, da antwortete X5 mit der ganzen Macht rauschender Elektronik. Ein Klangwunder von voluminöser Fülle senkte sich auf uns nieder und füllte unsere Gehörgänge bis in die verborgenste Windung. Leider war Rainer Zimischl dem elektronischen Tonereignis psychisch nicht gewachsen. Zwar versuchte er, sich tiefer in seine Zeltplane zu hüllen, aber die X5-Klänge erreichten sein sensibles Gehör, das elektronisch umgeschult war. Zimischl fühlte sich an den Schrei urtümlicher Kriegshörner erinnert, wurde von einem anhaltenden Lidflattern heimgesucht und war für unsere Arbeit verloren.

Zwei weitere Komponisten erklärten sich bereit, der neuen Klangwelt unerschrocken gegenüberzutreten. Aber Rainer Mucks, ein Flötist von der Oper, deutete die X5-Schallwellen als Donnergrollen und klagte sofort über anhaltendes Fußkribbeln. Rosa Warwiczkowa, eine komponierende Sopranistin von gewinnendem Äußeren, zog sich bei unserem Test ebenfalls Beschwerden zu. Sie empfand die Wucht des elektronischen Tonwunders als Düsenknall, was zur Folge hatte, daß sich das kastanienbraune Haar der Sängerin in Richtung Saaldecke sträubte. Rosa Warwiczkowa drohte mit einer Schadenersatzklage und verließ unser Institut mit zum Himmel gerichteter Lockenpracht.

Hannes Giglmann sah sein Lebenswerk gefährdet. »Wir müssen«, räumte er ein, »einen Psychoakustiker zu Rate ziehen.«

Seitdem ruht unser Projekt. Dr. Schweigelhahn, der Psychoakustiker, läßt uns alle mit den verschiedensten Klangwundern aus dem X5-Gerät beschallen und beobachtet unsere nervösen Reaktionen mit Interesse. Wir hoffen inständig, daß es ihm gelingt, den Zusammenhang zwischen übermächtigen Schallsignalen und menschlichen Neurosen zu erforschen, noch ehe wir einem Psychotherapeuten übergeben werden müssen.

Das Maß aller Dinge

»Ich glaube, jetzt ist es soweit: Mit ihrem Soft-Rock hat Antje den Chef davon überzeugt, daß sie für die Bereichsleitung Software geeignet ist.

Aus »Ägypten« von 1879, neu getextet von Erich Pawlu

In den Medien melden sich immer wieder Leute zu Wort, die vor der totalen Herrschaft der Computer warnen. Bald, so meinen diese verängstigten Zeitgenossen, werde der Mensch nur noch ein verstörter Handlanger der Mikros sein.

Wir, die Bürokräfte bei Krosch & Wanzel, sind in dieser Frage anderer Meinung. Unser Kollege Udo Trutzke hat uns gezeigt, daß der Mensch Herr der Computer ist und bleibt. Als Krosch & Wanzel die Büroeinrichtungen computerisierte, übernahm Trutzke sofort eine Führungsrolle. Noch ehe wir herausfanden, was ein Algorithmus ist, hatte er in Volkshochschulkursen heimtückisch Basic und Pascal gelernt. Mühelos brachte er die bereitgestellten Mikros auf Trab. Herr Krosch, unser Chef, ernannte ihn im Rahmen einer betriebsinternen Feierstunde zum Bereichsleiter Elektronik. Wir klatschten. Das hätten wir nicht tun sollen. Denn in der Geschichte unserer erfolgreichen Firma begann nun ein dunkles Kapitel.

Trutzke war der Auffassung, daß seine neue Position den Oberbefehl über uns alle umschloß. Plötzlich benahm er sich wie ein General, der seine Fußtruppen zwar marschieren, aber keinen Blick in seine Pläne werfen läßt. Die Systemsoftwaredisketten verschloß er in seinem Schreibtisch. Aber darüber hinaus entwickelte er phantasievolle Codes und Passwords für alle Programme, so daß die Mikros unsere Inputs nur annahmen, wenn sie vorher von Trutzkes kundiger Hand gestreichelt wurden. Trutzke verstand sich als eine Art Lordschlüsselbewahrer über alle elektronischen Systeme unserer Firma. Manche Kollegin versuchte mit einem strahlenden Lächeln ihre stark beschnittenen Computerprivilegien auszuweiten. Aber nicht einmal Fräulein Ranftl gelang es, sich das Recht auf die autonome Verwaltung einer Systemdiskette zu sichern. Dabei war allgemein bekannt, daß Antje Ranftl in einem Kegelklub das Amt der stellvertretenden Schönheitskönigin bekleidete.

»Wie läuft's?« fragte Herr Krosch, der Chef, beim gelegentlichen Durchqueren unseres Büros. »Wir haben die Mikros unter Kontrolle«, sagte Udo Trutzke eifrig. »Bei uns gibt es keine Verselbständigung der Computer. Der Mensch ist das Maß aller Dinge, Herr Krosch!«

Sätze aus der Antike erinnerten Herrn Krosch an seine schöne Schulzeit. Deshalb klopfte er dem Menschen Trutzke auf die Schulter, nickte uns, den elektronischen Fußsoldaten, aufmunternd zu, und verschwand beruhigt in der Chefetage.

Antje Ranftl, deren Schönheit unter der absoluten Herrschaft Udo Trutzkes sichtbar zu leiden begann, nagte immer häufiger an der Unterlippe und trug sich mit dem Gedanken, ein Buch zum Thema »Die Entmündigung durch den Computer« zu schreiben. Aber über das Vorwort kam sie nicht hinaus. Denn eines morgens trat der unglaubliche Fall ein, daß der Platz unseres Software-Kommandanten leer blieb. »Herr Trutzke ist zur Konkurrenz abgewandert«, teilte uns der Chef mit. »Wir wollen ihn schleunigst vergessen.«

Befreite Menschen früherer Jahrhunderte pflegten in solchen Fällen Freudenfeuer zu entzünden. Dieser Brauch ist in Büros stark verkümmert. Aber wir benahmen uns wie ein führerloser Landsknechtshaufen, lärmten fröhlich, und Antje Ranftl trällerte übermütig einen Schlager. Weniger glücklich waren unsere Mikros. Sie warteten auf die Softwaredisketten, die in Trutzkes Schreibtisch wie in einem Banktresor verschlossen lagen, und die Tastaturen blieben ohne Trutzkes Streicheleinheiten unsensibel. Einigen Kollegen gelang es, verworrene Textbruchstücke auf die Bildschirme zu zaubern. Aber an eine sinnvolle Arbeit war nicht zu denken.

»Wie läuft's?« fragte Herr Krosch, als er durch das Büro schlenderte. »Unsere Stimmung ist gut«, sagte Antje Ranftl. »Nur unsere Systeme sind zusammengebrochen. Es fehlt Herr Trutzke, das Maß aller Dinge.« Da rüstete unser Chef ein Expeditionskorps aus, das in die Wohnung unseres entlaufenen Mikro-Führers vordrang und dort den Schlüssel für den tresorartigen Software-Schreibtisch erbeutete.

Seitdem sind wir am Lernen. Einige von uns unterhalten sich sogar schon in Basic, wenn sie nur über das Wetter reden. Wir wirken alle sehr angestrengt. Aber es gibt Anzeichen dafür, daß wir die führungslose, die schreckliche Zeit bald überwunden haben. Immer öfter streichelt Fräulein Ranftl, die langsam verbleichende zweite Schönheitskönigin, mit beherrschender Geste unsere Computer und bringt sie auf Trab. Sie hat alle Voraussetzungen, bei Krosch & Wanzel das Maß aller Dinge zu werden.

Steinzeit im Computer

Als Computerhersteller fühlt sich unsere Firma verpflichtet, die allerneueste Hardware sofort dem Härtetest des eigenen Betriebsalltags zu unterziehen. Deshalb verfügt die Chefetage bereits über mehrere vollintelligente Schreibtische.

Während die einlaufende Post ohne Abnutzung menschlicher Intelligenz gelesen und sortiert wird, hat Fräulein Wolke, die Informationsassistentin, ausreichend Zeit, Kaffee zu kochen. Und auch Herr Räkel, der Chef, ist für die angenehme Führungsaufgabe des kommunikativen Gesprächs freigestellt.

Probleme gibt es allerdings bei der Beschaffung von hochqualifizierter Arbeit. Für Herrn Räkel bleibt kaum etwas zu tun. Denn unsere Computer lächeln gleichsam über die geringen Anforderungen, denen sie bei der Sichtung und Auswertung des zugeleiteten Textmaterials ausgesetzt sind. Mühelos leiten sie ihre Informationen an die elektronischen Briefkästen der Sachbearbeiter weiter. Alle eingehenden Aufträge, Reklamationen und Preisanfragen sind für unsere Geräte ein Klacks. Und intelligente Computer quälen den Chef niemals mit Nebensächlichkeiten.

Anfangs genoß Herr Räkel das neue Zeitalter der globalen Entlastung in vollen Zügen. Mit anhaltendem Interesse betrachtete er die Waden Fräulein Wolkes, durchblätterte ein Herrenmagazin und schrieb ein Gedichtchen zum Firmenjubiläum.

Aber nachdem der Chef drei Wochen lang vollentlastet war, stürzte er in eine Krise. »Ich brauche Streß«, schrie er so unvermittelt, daß Karin Wolke die Häkelnadel fallen ließ. »Ich benehme mich wie ein Minnesänger. Aber ich bin ein moderner Mensch. Ich will endlich wieder gefordert sein.«

Fräulein Wolke wußte Rat. Sie besorgte ein dickes Heft mit Kreuzworträtseln. Räkel warf sich voller Leistungswillen auf die waagerechten und die senkrechten Herausforderungen. So überwand er drei Tage lang das Gefühl, überflüssig zu sein. Aber dann ergaben sich neue Probleme. »Mangelerscheinung in der modernen Arbeitswelt, fünf Buchstaben?«, grübelte er.

Wir begannen sofort mitzuraten. Aber unser Brainstorming führte nur zu falschen Ergebnissen wie »ESSEN«, »SONNE« und »LIEBE«.

Da fütterte Herr Räkel den Zentralcomputer mit der Aufgabe. Auf dem Bildschirm erschien prompt die richtige Antwort: »Muße«. Natürlich lachten wir über die völlig überholte, urväterliche Meinung unserer Software.

Seitdem wirkt unser Chef wieder führungsstark und selbstbewußt. Er ist überzeugt, daß Computer- und Kreuzworträtsel-Konstrukteure keine Ahnung von den Problemen der vollintelligenten Arbeitswelt haben. An Muße mangelt es Herrn Räkel ja nun wirklich nicht.

Aber unser Chef weiß jetzt auch, daß er sogar dann eine verantwortungsvolle Aufgabe erfüllt, wenn er lediglich vor dem »toten« Bildschirm sitzt. Denn jeden Augenblick besteht Gefahr, daß die Computer vorsintflutliche Meinungen zur Epoche der Computer äußern. Die in der Systemsoftware schlummernden Steinzeitansichten zum modernen Betriebsalltag könnten Fehlentscheidungen auslösen. Da heißt es wachsam bleiben. In kritischen Augenblicken muß Herr Räkel eben das vollintelligente Büro wieder mit überlegener Erfahrung in den Griff nehmen.

Softwarejagd beim Ball

Karl Kringler war zwar nur ein durchschnittlicher Angestellter, aber tief in seinem Innern schlummerte der urzeitliche Jäger und suchte nach Betätigungsfeldern. Die Nahrungssicherung im Supermarkt befriedigte seinen Hunger nach Abenteuern nicht. Auf Faschingsbällen pflegte er dagegen seine Persönlichkeit voll zu entfalten. Im Trubel der maskierten Gestalten fühlte sich Karl Kringler an Karl-May-Geschichten erinnnert. In der exotischen Atmosphäre schuf er sich seine eigenen Handlungsgesetze und schweifte umher wie Kara Ben Nemsi oder Old Shatterhand. Wenn er ein Indianermädchen in die dunklen Schluchten der Bar oder eine orientalisch vermummte Schöne aufs turbulente Kurdistan des Tanzparketts zerrte, sparte er die Kosten für teure Rennpferde und für den sagenumwobenen Henry-Stutzen. So genoß Karl Kringler bei mäßigen Preisen die letzte freie Wildbahn unseres verwalteten Zeitalters.

Der Einladung zum Faschingstreiben der Computerfreunde e.V. folgte er allerdings nur widerwillig. Er befürchtete, daß die Elektroniker der Entfaltung seines Jäger- und Sammlerinstinkts unromantisch im Wege stehen würden.

Der erste Eindruck beim Betreten des Saals entsprach Karl Kringlers Erwartungen. In einer Videospielecke torpedierten ein paar pubertierende Ballbesucher elektronische Bildschirmschiffe, und einige besonders fortbildungswillige Freaks hatten neben ihren Freundinnen auch ihre Informationsschriften mitgebracht, um während der gemäßigten Lustbarkeit Basic und Pascal zu lernen.

»Gefällt Ihnen der Ball der Computerfreunde, Fräulein Zimbel?« - »Sehr. Aber wer spielt denn da so gequält, Herr Diplom-Ingenieur?« - »Ach, das ist mein Mitabiturient Robert. Er hat es versäumt, sich mit Elektronik zu beschäftigen.«

Aus »Die Gartenlaube« von 1892, neu getextet von Erich Pawlu

Mit dem Blick des erfahrenen Abenteurers forschte er nach Indianer- und Kurdistanmädchen. Aber die anwesenden Elektronikerinnen steckten in sachlichen Kleidern und wirkten auf Laien verschlossen wie hochintegrierte Schaltungen.

Karl Kringler pirschte dennoch mit der festen Absicht in den Saal, sich den sachlichen Damen mit dem Imponiergehabe eines Old Shatterhands zu nähern. Er hatte Glück. Ihm war ein Platz neben Tatjana Zimbel reserviert worden, die sich als der Star des Abends entpuppte. Fräulein Zimbel, eine Programmiererin, mußte Reize an sich haben, für die Karl Kringlers Blick nicht geschärft war. Denn im Verlauf des Abends wucherten immer wieder Trauben von tanzwütigen Männern um den Tisch.

Karl Kringler mußte zugeben, daß Computerfachleute kommunikationsfreudige Wesen sind. Die Tänzer redeten, während sie seine geraubte Tischnachbarin über das Parkett hin- und her-

transportierten, mit großer Leidenschaft und Dringlichkeit auf Tatjana ein. Aber das geheimnisvolle Mädchen blieb ein- bis zweisilbig wie ein Binärsystem, schüttelte bisweilen den Kopf und ließ ihre Tänzer hilflos glühen.
Sofort erwachte in Karl Kringler das Jagdfieber Kara Ben Nemsis. Er engagierte Tatjana für die nächsten drei Tänze. Das wirkte auf die Trauben der tanzwütigen Konkurrenten wie ein Schuß aus einem Henry-Stutzen.
Bei einem Cha-Cha-Cha entwickelte Karl Kringler eine raumausfüllende Mobilität, als rase er auf einem arabischen Warmblütler durch menschenleere Wüsten. Tatjana taute sichtlich auf. Das schmeichelte Karl Kringler und machte ihn mutig.
»Was wollen die Kerle eigentlich von Ihnen?« fragte er Tatjana in der direkten Art eines Menschen, der ständig endlose Prärien durchstreift und deshalb für Gespräche wenig Zeit hat.
»Ich habe ein Superprogramm zur Kontoführung von Banken entwickelt«, flüsterte Tatjana ihm ins Ohr.
»Und? Was hat das mit der Tanzwut der Burschen zu tun?«
»Sehen Sie denn nicht, daß mich nur Spezialisten verfolgen?«
»Sie werden von Sparkassenangestellten umzingelt?«
»Von Programmierern der Banken und Sparkassen. Aber ich denke nicht daran, mein System zu verraten. Außerdem können diese neugierigen Herren nicht tanzen. Im Gegensatz zu Ihnen.«
Karl Kringler hatte Mühe, einen urigen Siegesschrei zu unterdrücken. Statt dessen flüchtete er mit der begehrten Programmiererin in die Bar. Nach dem dritten Glas Sekt verriet ihm Tatjana alle Details ihres Anwenderprogramms für die kostensparende Kontenführung in Großbanken. Karl Kringler verstand kein Wort. Aber er lauschte den Hinweisen zu Tatjanas Systemgeheimnissen mit einem Wonnegefühl, als machte ihm Winnetous Schwester in ihrer liebenswürdigen Sprache eine hitzige Liebeserklärung.

Astrologie aus dem PC

Nina, meine Frau, ist alten Bräuchen sehr verbunden. Deshalb wollte sie in der Silvesternacht auf das Bleigießen nicht verzichten.

»Bist du denn überhaupt nicht neugierig, was uns das neue Jahr bringt?« fragte sie.

»Ich habe ein Illustrierten-Horoskop von Madame Teissier gelesen«, erwiderte ich.

Nina lachte: »Alle Fische machen Karriere, und alle Jungfrauen erhalten im Mai einen bedeutsamen Brief, nicht wahr?«

Ich gab zu, daß Madam Teissier sehr allgemeine Prognosen unter die Leute bringt. »Also bleiben wir beim Bleigießen«, sagte Nina mit abergläubischer Bestimmtheit.

In der Zeit des Fotosatzes ist ein Stück Blei nicht leicht aufzutreiben. Ich weigerte mich, die aus meiner Kindheit übriggebliebenen Bleiindianer einzuschmelzen.

»Ich hab's«, sagte Nina. »Wir fragen deinen Personal Computer!«

»Mein Textverarbeitungsprogramm eignet sich nicht für die Erstellung eines Horoskops«, sagte ich. »Da hätten wir eine eigene Systemsoftware für astrologische Prognosen anschaffen müssen.«

»Das wäre doch gelacht«, meinte Nina, die als Benutzerin einer elektronischen Backofenuhr von den unbegrenzten Einsatzmöglichkeiten eines Computers überzeugt war. »Was Madame Teissier kann, muß doch auch dein PC schaffen.«

»Mitternacht, Nina! Prosit Neujahr! Du, ich habe die Astrologie-Software im Computer. Dir wird ein Waschbärmantel vorausgesagt. Und außerdem sollen wir 1986 ständigen Kontakt mit Glücksengeln haben. Verstehst du das?«

Aus »Hauffs Werke« von 1888, neu getextet von Erich Pawlu

Skeptisch sah ich zu, wie Nina den Computer unter den abnadelnden Weihnachtsbaum stellte und die Deckenlampe löschte. Im magischen Licht rußender Weihnachtskerzen übte sie unter Zuhilfenahme elektronischen Geräts uralte Bräuche. Nina legte eine Textdiskette ein und drückte erwartungsfroh irgendeine Taste des Terminals.

Auf dem Monitor erschien prompt die wenig ergiebige Auskunft »Bios disk error«. Nina nahm das sehr persönlich.

»Das geht ja gut an«, meinte sie. »Errors kann ich im neuen Jahr ganz und gar nicht brauchen!«

Mit meiner Hilfe gelang es, den Text mit dem drohenden Unterton vom Bildschirm zu jagen. Ich lud das Programm, und Nina leitete ein neues astrologisches Experiment ein, indem sie sich zu einer wilden Silvesterhackerin verwandelte.

Auf dem Bildschirm erschienen zunächst nur wirre Zeichen. Ich erinnerte mich schaudernd an Belsazars Erlebnisse. Es handelte sich um verstümmelte Textbausteine aus meinen Geschäftsbriefen.

»Wenn Sie die harmonische Zusammenarbeit mit uns fortsetzen, sind wir gern bereit, Ihnen

noch günstigere Konditionen einzuräumen.«
»Liebster!« rief Nina entzückt, wie es vor vielen Jahren ihre Art gewesen ist. »Liebster, was für ein herrliches Horoskop! Du verbesserst meine Arbeitskonditionen im Haushalt? Bestimmt kaufst du mir einen Wäschetrockner, nicht wahr?«
Eigentlich stammte der Satz aus dem Brief an einen Geschäftspartner, der knapp einem Bankrott entgangen war und die günstigeren Konditionen bitter nötig hatte. Aber ich wollte Ninas Silvesterlaune nicht verderben und nickte.
Mit geröteten Wangen hackte Nina weiter auf die Tastatur ein. Ein neuer Satz erschien auf dem Monitor: »Im Mittelpunkt der kurzfristigen Planung steht der Abschluß eines Multifaserabkommens und die Änderung der bisher üblichen Textilordnung –.« Nina las nicht weiter. »Otto!« rief sie, »ist das wirklich wahr?«
Ich verstand nicht, was wahr sein sollte. Nina hatte einen abgespeicherten Kommentar zu EG-Projekten aufgelesen.
»Ist das wirklich wahr, Otto?« fragte Nina abermals. »Oh, in der dunklen Sprache der Astrologie heißt das gewiß, daß du meine Garderobe von Grund auf erneuerst. Was für ein herrliches Horoskop!«
Ninas Silvesterlaune kulminierte gerade, als die Uhren die Mitternacht ankündigten. Ein neues Jahr darf nicht mit Enttäuschungen beginnen, dachte ich. Ich nickte. Nina umarmte mich. »Und der Waschbärmantel ist auch dabei?« fragte sie.
Ich nickte ein drittes Mal und ließ mich von Nina küssen. Aber im stillen nahm ich mir vor, am nächsten Silvesterabend Blei zu gießen oder mit meiner Frau die unverbindlichen Horoskope Madame Teissiers zu lesen.

Ein Freak von der Samenbank

»Ist es denn wirklich so schlimm, Vati, daß uns Mutti von der Nobelpreisträger-Samenbank mitgebracht hat? Freust du dich denn gar nicht, daß wir schon Logo, Pascal und Basic beherrschen?«

Aus »Illustrierte Geschichte des Mittelalters« von 1882, neu getextet von Erich Pawlu

»Aber ich will ein Superbaby«, sagte Irene, meine Frau. »Wie du weißt, verabscheue ich Durchschnittlichkeit. Unser Kind soll einst im Brockhaus stehen.«
»Das wünsche ich mir auch«, sagte ich.
»Wünschen hilft nicht«, meinte Irene. »So etwas will wissenschaftlich programmiert sein.«
Ich gab mich optimistisch. »Wir werden schon Glück haben. Garantiert haben wir Glück, Irene.«
»Garantiert?« fragte meine Frau höhnisch. »Otto, du bist ein guter Mensch. Aber eine Garantie für ein Superbaby bist du nicht. Mit deinen mäßigen Schulzeugnissen. Und mit deiner stillen Karriere.«
»Immerhin bin ich Inspektor«, gab ich zu bedenken.
»Eben«, sagte meine Lebensgefährtin.
Ich schluckte. Aber ich war froh, daß mir Irene diesmal wenigstens mein abgebrochenes Studium nicht vorhielt. Im Grunde hatte sie ja recht. Ich bin kein Supermann. Genetisch bin ich Irene nicht gewachsen. Auch ihr Intelligenzquotient überstrahlt den meinen. Schon Irenes Ahnen hatten größte geistige Durchschlagskraft: Oberförster, Gerichtsräte, Generäle und Expeditionsleiter. Ich hingegen stamme von Häuslern, Hilfsdreschern und Handlungsreisenden ab. Und geistig befinde ich mich nicht auf der Höhe der Zeit. Der Umgang mit Computern ist mir verschlossen. In meinem Büro bediene ich eine uralte mechanische Schreibmaschine. Verständnislos beobachte ich, wie meine Kollegen ihre Gedanken auf Bildschirme übertragen. Deshalb wünsche ich mir sehnlichst einen Sohn, der das elektronische Zeitalter spielend in den Griff nimmt. Er soll das leisten, was ich versäumt habe. »Was sollen wir tun?« fragte ich verzagt.
Irene, meine intelligente Frau, wußte Rat. Sie jettete nach Amerika, schickte mir eine Ansichtskarte aus San Diego und kehrte nach drei Wochen frohen Herzens zurück.
»Otto, wir werden Eltern«, verriet sie.
Daran gab es bald keinen Zweifel mehr. Irene war von Mr. Robert Graham in San Diego für würdig befunden worden, mit einem Vorrat aus seiner Nobelpreisträger-Samenbank versorgt zu werden.
»Mr. Graham konserviert in seinem Schrank nur Samen von Genies. Wir werden ein Superbaby haben. Garantiert! So freu dich doch, Otto!«
Ich gab mir Mühe. Aber es plagten mich Zweifel, ob der kleine Nobelpreisträger nicht enttäuscht sein würde, wenn er das Licht der Welt und mich erblickte.

Heute kann ich sagen: Es ist auszuhalten. Die Geburt verlief problemlos. Die Hebamme maß den respekteinflößenden Kopfumfang des Säuglings und musterte mitleidig meine niedrige Stirn. Roberts erste Worte waren nicht »Mama« oder »Papa«. Unser Kind murmelte schon im zartesten Alter Grundbegriffe der Elektronik in die Kissen. Und der Taschenrechner machte ihm bald mehr Freude als das Milchfläschchen.

Inzwischen ist Robert schon vier Jahre alt. Wenn ich mich am Abend an sein Bettchen setze, erläutert er mir die Quantentheorie und ein paar komplizierte Programmierschritte an seinem Personal Computer. Selbstverständlich beherrscht unser Kind längst Basic, Pascal und Logo, durchdringt mit Hilfe des PC den Mikro- und den Makrokosmos und erledigt bereits mit elektronischer Eleganz unseren Lohnsteuerjahresausgleich. Beim Umgang mit elektronischen Geräten entdeckt er immer wieder Programmierfehler und beschimpft die Unzulänglichkeit der Welt. Ganz offensichtlich verabscheut Robert jede Erscheinungsform der Mittelmäßigkeit. Um so dankbarer bin ich ihm, daß er mich vorläufig noch toleriert.

Voller Stolz jubelt Irene: »Mr. Graham hat unseren Robert doch genial herausgemendelt. Nicht wahr, Otto?«

Ich will das nicht bestreiten. Ein bißchen störend ist es allerdings, daß unser Sohn von seinem anonymen, nobelpreistragenden Vater eine gewisse körperliche Ungeschicklichkeit ererbt hat. Während Robert am Mikro den Beweis erbringt, daß Albert Einsteins Lehre vom gekrümmten Raum äußerst plausibel ist, fällt er ständig vom Töpfchen.

Liebe am Personal Computer

Zwischen Handheld und Natur

»Aber natürlich liebe ich auch als Makler die Natur, Liebling! Ich schlage vor, wir gehen jetzt heim und lassen uns vom Homecomputer ausrechnen, wieviel sie wert ist. Und dann kaufe ich sie, die Natur. Dann bin ich rundum glücklich.«

Aus »Alte und neue Welt« von 1875, neu getextet von Erich Pawlu

Karin hatte Hans über eine Zeitungsanzeige kennengelernt. Als er ihr zum ersten Mal entgegentrat, fühlte sie jenes Zittern in den Kniekehlen, für das nur Ärzte und Verliebte eine Erklärung finden. Aber zugleich wunderte sich Karin, daß der fremde Mann mit einem Koffer aus dem Auto stieg. Bei diesem ersten Zusammentreffen hatte sie eher mit einem Blumenstrauß gerechnet.
»Reisen Sie gleich weiter?« fragte sie schnippisch. »Oder brauchen Sie den Koffer für Karteikarten?« – »Karteikarten?« fragte Hans verdutzt. »Na ja, damit Sie die Übersicht über Ihre Rendezvousverpflichtungen nicht verlieren.« Jetzt gab der kontaktsuchende Herr eine knappe Erklärung ab: »Ich bin Grundstücksmakler. Mit allen berufsspezifischen Verpflichtungen.« Karin verstand nicht. »Weil Sie Makler sind, rennen Sie Tag und Nacht mit so einem Koffer durch die Landschaft?« – »So ist es. Als Makler bin ich gesetzlich verpflichtet, meine Aktivitäten lücken- und makellos nachzuweisen. Das Finanzamt hat ein reges Interesse daran, exakt zu erfahren, wie ich meine Tage verbringe. Dazu benötige ich den tragbaren Computer. Er ist Stoppuhr, Buchhalter und Zeuge zugleich. Jeden Abend druckt er auf steuerrechtlich zulässigen Formularen eine Übersicht über meine Tagesmobilität aus.«
»Sie leben ja wie in Orwells Welt«, meinte Karin. »So schlimm ist es nicht«, beruhigte Hans. »Noch läßt man mir kleine Spielräume für die Entscheidung, welche meiner Aktivitäten ich als privat und welche ich als beruflich einstufen möchte.«
Karin gewöhnte sich nur mit Mühe daran, daß sie mit Hans nie ganz allein sein konnte. Der Computer war immer dabei. Wenn Sie sich zum Mittagessen trafen, postierte Hand den Handheld vor dem staunenden Ober auf dem Restauranttisch, rief die Bildschirmmaske »Private Aktivitäten« auf und tippte die Uhrzeit sowie die Codeziffer für »Persönliche Vergnügungen« in den Speicher ein. »Bist Du etwa sogar verpflichtet, jeden Kuß elektronisch zu verbuchen?« fragte Karin eines Tages, als sie sich schon sehr gut kannten. Hans küßte sie daraufhin und hielt dabei nicht nur seine Augen, sondern auch den Computerdeckel geschlossen. Damit bewies er, daß die Wißbegierde des Finanzamts irgendwo auch Grenzen hat.
Eigentlich, dachte Karin, wollte ich ja immer einen fortschritts-, ordnungs- und gesetzliebenden Mann kennenlernen. Und erfolgreich sollte er auch sein. Also ist Hans genau der richtige. Inzwischen wundert sich Karin nicht mehr,

wenn Hans zu Beginn eines gemeinsamen Spaziergangs über romantische, aber baureife Wiesen die Maske »Geschäftliche Aktivitäten« auf den Handheld-Bildschirm zaubert, um Ort und Zeit genau zu speichern. Der Gang durch die schöne Natur stimmt Karin zärtlich und Hans unternehmerisch. Anschließend sieht sich der Makler sofort nach einem provisorischen Arbeitsplatz für seinen Computer um. Eine Parkbank ist die Ideallösung. In Notfällen muß Karin den Handheld auf ihre gebeugten Knie nehmen. Da sieht sie aus, als diene sie Hans und dem Finanzamt in Büßerhaltung. Aber wenn sie dann mitverfolgt, wie ihr tüchtiger Freund den gemeinsamen Spaziergang vermarktet, röten sich vor Freude und Respekt ihre Wangen. Hans tippt zielstrebig die geschätzten Werte für die Bodenqualität, die Daten für die Möglichkeiten einer Verkehrserschließung und die Preise der benachbarten Grundstücke in die Tastatur. Dann interpoliert das elektronische System die Quadratmeterpreise des soeben durchwanderten Terrains. Da fliegt die Farbe des Lebens auch ins Gesicht des Computerbesitzers.

»Ein bereichernder Spaziergang«, flüstert das liebende Paar. Karin und Hans beweisen, daß zwei Menschen völlig unterschiedliche Vorstellungen vom tieferen Sinn der Naturbegegnung haben können und sich dennoch nicht streiten müssen. Karin spürt mit jedem Spaziergang mehr Verbundenheit mit den heimischen Feldern, Wäldern und Auen. Hans bedient seinen tragbaren Computer, denkt ans Geschäft und freut sich darüber, daß es ihm selbst bei strengster Auslegung der makler- und steuerrechtlichen Vorschriften im Orwell-Jahr 1984 noch vergönnt ist, in seine beruflichen Objektbesichtigungen ein paar private Freuden einzustreuen.

Bekanntschaftsanzeigen im Mikro-Zeitalter

Terminalsehnsucht
Wenn ich (33, weiblich) an einem PC sitze und in den Bildschirm träume, erwacht in mir die Sehnsucht nach einem liebevollen Output. Wo ist der phantasiebegabte Mann, der neben Daten auch mal eine lyrische Liebeserklärung in die Software schreibt? Bitte ausführliche Zuschriften! Diskettierte Probetexte in Gedichtform angenehm.

Lerneifer
Lernwilliger, leidenschaftlicher Raubkopierer erbittet Kontakt mit Dame, die problemlos Einblicke in ihr seelisches Softwaremenü gewährt und keine Einwände erhebt, wenn Duplikate mit dem vermittelten Wissen an Dritte weitergegeben werden. Treffpunkt Sonntag 15 Uhr im Café »Peripherie«. Erkennungszeichen: Diskettenhülle und rote Rose.

Herzenswunsch
Dame mit plurikompatibler Hardware sucht draufgängerischen, kenntnisreichen Software-Piraten zur Herstellung eines integrierten Schaltkreises. Zuschriften unter Kennwort »Happy Bitnapping« erbeten.

Geteilte Freude
Ultima-II-Player, 18, ständiger Gewinner bei der Verteidigung unseres Planetensystems, sucht dringend auf diesem Wege Sierra-on-Line-Freundin zur gemeinsamen Gestaltung von Siegesfeiern. Eilzuschriften unter Chiffre...

Junge Liebe
Noch nicht formatierte Diskette (18), flexibel, garantiert single-sided, möchte von Profiprogrammierer auf Spur gebracht werden. Deutschsprachiges Dialogsystem Voraussetzung. Anrufe unter Anschluß...

Stilfrage
PC-Handbuch-Autor wünscht die Bekanntschaft einer attraktiven Dame, die über liebevolle Umgangsformen und einen verständlichen Stil verfügt. Beteiligung am Buchhonorar wird selbstverständlich zugesichert. Bei fruchtbarer Zusammenarbeit weitergehende Kooperation nicht ausgeschlossen. Zuschriften (bitte nur elektronisch textverarbeitete Briefe!) unter Nummer...

Computerideale

In der Anzeige war ein Computerfachmann gesucht worden. Als sich Alfred Kritzel meldete, konnte er nicht ahnen, daß er eine Schlüsselrolle für die künftige Entwicklung der Menschheit übernehmen sollte.

Der Professor blickte ihm prüfend in die Augen und sagte: »Der spektakuläre Erfolg bei der Herstellung genetisch identischer Mäuse weitet unsere Möglichkeiten aus. Wer weiß, vielleicht können wir eines Tages das menschliche Erbgut sinnvoll manipulieren und ein ideales Lebewesen auf den Erdball zaubern. Sie sollen uns dabei helfen.«

»Egon! Jetzt ist die Computergrafik mit dem Idealbild des Mannes fertig. Hör doch mal auf mit dem Hausputz! Komm rüber und laß dich vergleichen!«

Aus »Scriptores Historiae Romanae« von 1743, neu getextet von Erich Pawlu

Alfred Kritzels Phantasie wurde sofort von fürchterlichen Vorstellungen gepeinigt. Er dachte an George Orwell, Aldous Huxley und Frankenstein. Seit ihn seine neue Freundin Irmtraut täglich mit unvorhergesehenen Eigenschaften und Fähigkeiten überraschte, lehnte Alfred Kritzel aus tiefster Überzeugung jede Klonierung des Menschen ab.

»Herr Professor«, sagte er mit fester Stimme, »ich möchte den Menschen so erhalten, wie er ist.«

»Recht so!« rief der Professor. »Das ist Ihre Aufgabe. Als Computerfachmann sollen Sie eine elektronische Kartierung aller nachweisbaren menschlichen Eigenschaften sicherstellen. Dann überlassen Sie es der Molekularbiologie, die ungünstigen Erbinformationen auszusondern. Das wäre der entscheidende Schritt zur Schaffung des idealen Menschen. Und wir beide können mit Stolz sagen: Wir sind dabeigewesen.«

Alfred Kritzel stellte sich vor, wie langweilig es wäre, wenn sich seine Freundin benähme wie Iphigenie auf Tauris. Andererseits wagte er es nicht, auf den soeben erlangten Job zu verzichten, weil ihn Irmtraut dann gewiß mit individuellen, höchst unberechenbaren Reaktionen überrascht hätte.

Es war ein mühsames und zeitraubendes Forschungsprojekt. Die in langer Menschheitsgeschichte entwickelten Rituale, Instinkte und Konventionen wollten strukturiert und in eine computergerechte Sprache umgesetzt werden. Die Arroganz des Genies und die Borniertheit des Dummkopfs mußten als besondere Ausformung menschlichen Wesens erfaßt und dem biederen Mittelmaß des Durchschnittsmenschen gegenübergestellt werden. Nur langsam kam eine Sammlung jener Eigenschaften zusammen, die vom Computer als Indizes menschlicher Lebensäußerung verstanden und gespeichert wurden.

Allerdings gab es Komplikationen bei der Abrufung des Informationsmaterials nach Stichwörtern. Auf die schlichte Frage »wo endet das Aufnahmevermögen des durchschnittlichen Menschen« antwortete der Computer zunächst mit der nur im schlichtesten Sinn richtigen Antwort: »Beim Verzehr von acht Semmeln.« Und als das System sagen sollte, wer der glücklichste Mensch der Weltgeschichte sei, erschien der Name von Alfred Kritzels Freundin auf dem Bildschirm. Da nötigte der Computerfachmann sein System zu näherer Auskunft.

Es stellte sich heraus, daß Irmtraut als ungemein glücklich eingestuft wurde, weil ihre Eigenschaften am Anfang aller Strukturlisten eingespeichert worden waren.

Da war viel zu korrigieren. Alfred Kritzel belehrte den Computer, daß Spitzenpositionen nicht immer mit Glück gleichzusetzen seien. Und er trichterte der Software ein, daß der Mensch auch ein geistig-seelisches Aufnahmevermögen habe.

»Na«, meinte der Professor nach Monaten, »haben wir jetzt das Menschenbild im Kasten?« Alfred Kritzel trat der Schweiß auf die Stirn. Ehe er den Biologen den Zugriff auf das gehortete Wissen über den Menschen freigab, fragte er den Computer ängstlich, was die Molekularbiologie an Irmtraut und ihm werde ändern wollen.

Es knackte lange im Gerät, bis die Antwort auf dem Bildschirm erschien. Dort stand es gelb auf schwarz, daß Alfred Kritzel und dessen Freundin Irmtraut als Objekte zur Verbesserung der menschlichen Gensubstanz nicht in Frage kämen. Die beiden seien zu unbedeutend. Bei der Programmierung des menschlichen Aufschwungs solle man sich an genetisch günstiger veranlagte Damen und Herren halten. Der Computer unterbreitete eifrig konkrete Vorschläge. Den Stars der Fußballbundesliga räumte er besonders gute Aussichten ein, als Modelle für den idealen Menschen der Zukunft zu dienen.

An diesem Tag waren Alfred Kritzel und seine Freundin Irmtraut wirklich die glücklichsten Menschen, obwohl der Computer völlig anderer Meinung war.

Romantik am Mikro

Immer wieder wollen uns mürrische Zeitkritiker weismachen, daß der Computer die Romantik aus Heim und Büro verdrängt. Das ist ein gewaltiger Irrtum. Die nachfolgenden Stellungnahmen zeigen, daß viele Mitmenschen bei der Arbeit am Computer spielend zu jenen Empfindungen gelangen, die bisher durch Stereowiedergabe von Soft-Music oder von Schumanns »Träumerei« mühsam erzeugt werden mußten.

Selbstverständlich sind wir Computerleute Romantiker. Die Romantik kennzeichnet sich doch durch die Sehnsucht nach dem Unendlichen. Wenn ich an der Spitze meines Forschungsteams täglich um mehr Speicherkapazität auf neuen Festplatten ringe, fühle ich mich durch und durch als romantischer Mensch. Meine Phantasie träumt von Unendlichkeit, aber die Realität wirft mich immer wieder auf eine begrenzte Bytezahl zurück. Immerhin - so erfahre ich, was romantische Ironie ist.

Benno Trendel, Project Manager

Schläft ein Lied auf den Disketten,
die da träumen fort und fort.
Und noch abends in den Betten
träumst du von dem Codewort.

Ulrike Ritschel,
Arbeitskreis »Mediative Elektronik«

Romantik am PC? Da mußte ich schon gewaltig nachhelfen! Als mir der Abteilungsleiter den Computer auf den Schreibtisch stellen ließ, war ich angesichts der Nüchternheit des Geräts anfangs sehr bedrückt. Aber inzwischen habe ich Keyboards, Prozessor und Monitor vollständig eingehäkelt. Hübsche Spitzendeckchen zieren alle glatten Flächen, und die Kabel leite ich durch ein hohles Rehlein aus Porzellan dem Mikro zu. Jetzt fühle ich mich an meinem Schreibtisch endlich wieder daheim.

Frieda Heimhalter, Schreibkraft

Der Ferienjob am Mikro gibt mir das romantische Gefühl, eins zu sein mit dem Unfaßbaren. Wenn ich die dunklen Texte im Handbuch lese, überkommt mich eine holde Wehmut, als tauchte ich in mystisches Dunkel und ränge mit unbekannten Mächten. Und dennoch ahne ich, daß in dieser schwer zu entschlüsselnden Welt eine geheimnisvolle Ordnung waltet.

Hubert Remplein, Student der Germanistik

Wenn ich abends ganz allein im Büro sitze, zaubere ich mit meinem grafikfähigen Computer träumerische Bilder auf den Monitor. Meine Firma produziert zwar nur Kernseife, aber wenn ich die Exportkurven auf dem Bildschirm mit einem bloßen Tastendruck zerstäube, fällt ein Goldregen nieder wie im Sterntalermärchen. Am nächsten Tag, wenn der Buchhalter seine Grafiken händeringend von den Disketten abrufen will, werden alle meine Mitarbeiter von einer großen Ernüchterung erfaßt. Nur ich blicke stillvergnügt vor mich hin. Ich weiß, daß der helle Tag der Feind der Computer-Romantik ist. Am Abend, da kommen die Stunden elektronischer Erfüllung.

Renate Regenbogen, tiefe Seele

Am schönsten ist es abends, wenn Kurt den Homecomputer einschaltet. Der Monitor verbreitet in meinem Eineinhalb-Zimmer-Appartement einen traulichen Kaminfeuereffekt, und wenn Kurts Hände im geheimnisvoll grünlichen Licht des Bildschirms zärtlich über die Tasten gleiten, fühle ich den Zauber tiefster Zuneigung. Im romantischen Dämmerschein ist es mir, als sähe ich Chopin beim Komponieren zu.

Nadja Trautwein, Musikschülerin

Erst seit ich mit einem Textverarbeitungssystem arbeite, hat meine Tätigkeit als Autor eine romantische Dimension erhalten. Die Romantik hat das Reale zu poesieren. In diesem Sinne bin ich ein echter Romantiker. Denn exakt diese Aufgabe stelle ich mir: Sobald ich meine Gedichte in den Computer tippe und auf dem Bildschirm die Jamben und Trochäen meiner Verse erscheinen, erhebe ich die banale Realität des elektronischen Systems in die erhabene Sphäre der Poesie.

Friedhelm Nuschel, Schriftsteller

Nein, romantisch ist das Mikro-Zeitalter nicht. Aber es ist selbstverständlich rustikal. Denn schließlich gehe ich mit der Mode. Deshalb habe ich meinen Homecomputer nicht auf einen Kunststoffschreibtisch gestellt. Das Gerät steht vielmehr auf einem rustikalen Tisch aus dem vorigen Jahrhundert. Wenn ich die Serienbriefe ausdrucken lasse, arbeite ich mit dem Holzwurm um die Wette. Richtig heimelig ist das.

Monika Forsthuber, Heimsekretärin

Mir hat der Mikro neue Romantik ins Leben gebracht. Wenn ich am Sonntag mit Manfred ins Grüne fahre und wir beide unsere portablen Computer öffnen, da senkt sich ein unglaublich romantisches Einverständnis über uns beide. Dann schlagen wir irgendwo am Waldrand unsere Handbücher auf und arbeiten uns in Basic ein. Jedesmal wenn wir an den Handhelds eine Operation glücklich zu Ende geführt haben, küssen wir uns. Ist das etwa nicht romantisch?

Tanja Krestl, Auszubildende

Karrierestrategien

»Du entführst mich aus Liebe, Franz?« – »Nein, aus Verzweiflung, Tatjana. Mein PC bleibt ständig hängen. Und du hast doch den Computerkurs bei der Volkshochschule besucht.«

Aus »Berthold der Getreue« von 1892, neu getextet von Erich Pawlu

»Mit dem Eintritt in unsere Firmengruppe«, sagte der Direktor, »tragen Sie gleichsam den Marschallstab im Tornister. Jedenfalls eröffnen sich Ihnen die schönsten Aussichten auf eine steile Karriere.« Tatjana Flitz und Franz Schwitzke wechselten einen strahlenden Blick. Alle ihre Wünsche schienen sich zu erfüllen. Während des gemeinsamen Studiums waren sie sich nähergekommen. Auf ein und demselben Kopfkissen hatten sie die gleichen Fachbücher gelesen, hatten nebeneinander in den Vorlesungen gesessen und die gleichen schriftlichen Prüfungsfragen beantwortet. Und jetzt arbeiten sie, nur wenige Meter voneinander getrennt, in ein und demselben Unternehmen. »Wir sind Glückspilze«, flüsterte Tatjana ihrem Franz zu, als der Direktor seine Begrüßungsansprache beendet hatte. Gemeinsam wollten sie dem Marschallstab entgegenstreben.

Aber der Firmenalltag entwickelte seine eigenen Gesetze. Bald zeigte sich, daß Franz und Tatjana gezwungen waren, das gemeinsame Ziel mit unterschiedlichen Strategien zu erreichen.

Franz Schwitzke bastelte am Image des elitären Managers. Auf seinem Schreibtisch lag der Harvard Business Review, auf seiner Stirn eine intellektuelle Sorgenfalte. Sein ruheloses Gehirn beschäftigte er mit kreativen Success-fictions und seine Sekretärin mit Planspielen zu einem verbesserten Marketing der Firmenprodukte. Die Mitglieder der Unternehmensleitung verwickelte er in fachkundige Diskussionen über die Marktsituation. Schwitzke galt bald als ein Mann, der zwar noch in den Startlöchern seiner Laufbahn festgehalten wird, der aber schon seine ganze Kraft auf den atemberaubenden Senkrechtstart konzentriert. Wenn der Direktor im beiläufigen Plauderton mit Franz Schwitzke Ansichten über die weltwirtschaftlichen Trends austauschte, fühlte Tatjana Flitz einen Druck auf Magen und Seele. Mit Kummer verfolgte sie, wie Franz mit seinen geistigen Highlights die schönsten Blendeffekte erzielte und sie in den Schatten stellte.

Eine Zeitlang stützten sich die beiden Strategen beim Lesen in der gemeinsamen Wohnung noch auf ein und dasselbe Kopfkissen. Aber während Franz die Financial Times studierte, arbeitete Tatjana Fachbücher zu Computerfragen durch und informierte sich über die Ausmaße der elektronischen Revolution. Besonders faszinierend fand sie die These, daß Zeitgenossen mit Hilfe von Mikrochips gewaltlos in die gewünschte Richtung gelenkt werden können. Je mehr sich Tatjana Flitz von Franz Schwitzke löste, um so

enger verband sie sich mit den Firmencomputern. Schon nach kurzer Zeit saß die tüchtige Mitarbeiterin am Terminal und gewann eine umfassende Übersicht über alle wichtigen Unternehmensdaten. Ständig perfektionierte sie die Kontrolle der Informationskanäle, von denen der Erfolg der Firma abhing.
Erschrocken reagierte Franz Schwitzke aber erst, als Tatjana vor einer Mittagspause ihren Computer erstmals mit einem Spezialschloß absicherte und den Schlüssel in ihrer Handtasche verschwinden ließ. Da erkannte Franz, daß sich seine Freundin in eine Rivalin verwandelt hatte.
Bald sahen die Mitglieder der Unternehmensleitung gelangweilt zur Decke, wenn ihnen Schwitzke, die neueste Ausgabe der Harvard Business Review unter dem Arm, in den Weg trat und über die Entwicklung der weltweiten Konjunktur referierte. Diese Zerstreutheit war nicht verwunderlich. Ein paar Meter weiter lockte Tatjana Flitz mit neuesten Mikro-Auswertungen zum Absatz von Betriebsprodukten, mit Entlarvungen der Marktstrategie konkurrierender Firmen und mit Analysen zur Arbeitseffizienz führender Mitarbeiter.
Franz Schwitzke verstand: Tatjanas Informationsmonopol mußte gebrochen werden.
Am Abend, als sie ihre harten Köpfe auf zwei getrennte Kissen stützten, leitete Franz Schwitzke schüchterne Verhandlungen ein. »Wollen wir nicht doch vereint marschieren?« fragte er.
Tatjana zeigte sich sofort zur Kooperation bereit und diktierte ihre Bedingungen.
Seitdem sitzen die beiden gemeinsam am Firmenterminal. Aber nach Betriebsschluß vertauscht Franz Schwitzke die Harvard Business Review mit dem Kochbuch und den managerverdächtigen Anzug mit der Küchenschürze. Klaglos fertigt er die schönsten Menüs, um seine Kollegin freundlich zu stimmen. Er weiß, daß er beim Griff nach dem Marschallstab auf das von Tatjana verwaltete Computerwissen nicht verzichten kann.

Mikro-Kontakte

Ein Computer verbessert nicht nur die Gelenkigkeit der Finger und das Selbstwertgefühl. Der Besitz eines Mikros kann sich auch positiv auf die zwischenmenschlichen Kontakte auswirken. Die hier aufgezeichneten Anmach-Reden aus Vergangenheit und Gegenwart zeigen, wie schwer es ein junger Mann früher hatte und wie leicht der Computerbesitzer heute zum Ziel kommt.

1911

Wilhelm (21): Und wenn Sie es wirklich wagen würden, verehrtes Fräulein Aurelie, am Sonntagnachmittag im Anschluß an das Wohltätigkeitskränzchen zugunsten gefallener Mädchen bei einem kleinen Spaziergang in den städtischen Erholungshain meine Begleitung anzunehmen, führte ich Sie, mein Fräulein, gern in die Behausung meiner Eltern, um Ihnen meine vaterländische Sammlung von wunderbar belehrenden Kolonialbildern zu erläutern.

Wie, Sie besitzen die Bilder selbst? Ja, vielleicht darf ich Ihnen dann mein maßstabsgetreues Modell des Kanonenboots »Panther«...

Wohin gehen Sie denn, verehrtes Fräulein Aurelie? Zum Vortrag »Deutsche Fahnen am Äquator«?

Wir könnten ja auch Dame spielen, Fräulein Aurelie! - Schon ist sie weg, die eingebildete Sonntagsschülerin!

1948

Robert (19): Hallo, Baby! Kommste mit in meinen Living-room, he? Du, ich hab noch zwei Chesterfield! Garantiert unangeraucht, Darling, und Chewing-gum, jede Menge! Mensch, das wird'n Festival, okay? Und du bekommst auch 'ne Dose Trockenei mit nach Hause. Wenn du ganz sweet bist, knacken wir das Corned beef und spielen Rockefeller.

Was, du hast schon'n Freund, 'n Ami? Einen GI von der Verpflegungskompanie?

Och Mensch, ich dachte, du hast Charakter. Wie kannste denn bloß wegen 'nem Riegel Ami-Schokolade schwach werden! Traurig, das.

1968

Ringo (18): Also was denn, was denn, Mieze! Du kannst doch nicht zu dem Baulöwen in den Schlitten steigen! Is' ja Verrat am Proletariat und an mir. Du, ich hab 'nen nagelneuen Kommentar zur Ausbeutung des Volkes durch das Fernsehen - daheim, in meiner Bude. Na solidarisier' dich doch mit mir und treib mich nicht in die Verelendung. Zuerst hören wir die Internationale und dann verbrüdern wir uns auf der Basis des real existierenden Krimsekts, ja?

Ach Mensch, jetzt fährt se mit dem Expropriateur fort. Also für mich ist der Klassenkampf in vollem Gange.

1986

Uwe (17): He, Sahneschnittchen! Darfste wieder mit Papis Heizölferrari rumtörnen? Total irre ist das, so ganz allein mit dir durch die Pampa heizen! Du, aber jetzt sei kein Nervi und mach Looping. Ja, stell die Propeller um, daß wir bei mir landen können. Aber paß auf, daß du beim Wenden dem Falschparker da hinten nicht aufbrummst, Mädchen.

Nöö, ich denk an keine Schrägstrichehe, Sahneschnittchen! Du wirst gleich checken, daß ich kein Chaot bin. 'türlich will ich dich angraben, aber technisch. Mit oberaffenirrer Elektronik. Ich hab nämlich 'n Homecomputer. Nur für uns zwei.

Langsam, Siliconschnittchen! Spiel nicht Rallye! Du freust dich? Ich auch. Echt tierisch, mit dir allein am Keyboard sitzen. Du, da programmieren wir unser Leben: in Schnuckel-Basic.

Verwirrung am Mikro

»Was heißt da primitive Mittel der Emanzipation? Meinetwegen könnt ihr die Behandlungsmethoden für eure Freunde jetzt von einem supermodernen Computer diagnostizieren lassen.«

Aus »Berthold der Getreue« von 1892, neu getextet von Erich Pawlu

Dr. Ratsch ist ein Arzt, der mit der Zeit geht. Deshalb speichert er die Diagnose sämtlicher Leiden längst in seinem Computer. Das bringt große Vorteile. Dr. Ratsch kann, sobald seine Patienten im Sprechzimmer erscheinen, auf das Spähen in fremde Pupillen, auf langwieriges Abklopfen von Kniegelenken und auf unwissenschaftliche Gespräche verzichten. Ein Blick auf den Bildschirm genügt ihm. In Sekundenschnelle erfaßt der Mediziner das Krankheitsbild seiner Besucher und kann sich seinem Rezeptblock zuwenden. Redegewandten Patienten gelingt es manchmal, mit eiligen Hinweisen die Typologie ihrer neuen Beschwerden zu präzisieren. Dann tanzen die Finger der Sprechstundenhilfe munter über die Mikro-Tastatur. Flugs speichert Frau Mägerlein die neuen Erkenntnisse auf Diskette und wartet gespannt, welche Medikamente das System verordnet.

Frau Mägerlein ist eine respekteinflößende Erscheinung. Mit ihrem strengen Blick vermittelt sie selbst jenen Praxisbesuchern, die nur ein Rezept für Bekannte abholen wollen, ein starkes Gefühl des Unbehagens, so daß sich auch diese Menschen willenlos einer ärztlichen Behandlung zuführen lassen.

Den Computer bedient die Sprechstundenhilfe mit der gebotenen Sachlichkeit. Bedienungsfehler, die zu elektronischen Verwirrungen führen könnten, sind beim zielstrebigen Temperament Frau Mägerleins ausgeschlossen. Sie hat die Welt der Mikroelektronik ebenso streng im Griff wie die Gemüter der Patienten, die sich ihren Anweisungen willenlos fügen.

Auch der Gebrauch der Macht strengt an. So mag es zu erklären sein, daß sich der Teint Frau Mägerleins eines Tages gelblich verfärbte und allmählich ein giftgrünes Aussehen annahm. Die Sprechstundenhilfe speicherte ihren Krankheitsfall schleunigst und blieb am nächsten Tag ganz aus. Dr. Ratsch und das Keyboard am Mikro waren auf bedenkliche Weise verwaist.

Ein Ersatz war schnell gefunden. Fräulein Helga sah aus, als wolle sie jeden Augenblick ein Frühlingsliedchen trällern. Die Patientinnen und Patienten, nüchterne Behandlung gewöhnt, fühlten sich nicht mehr wie in einem Wartezimmer, sondern wie bei der Vorführung eines Films aus der Traumfabrik Hollywoods.

Ein großes Wohlbefinden überkam die Patientenschar beim Anblick Fräulein Helgas. Dennoch florierte die Praxis weiter, weil immer mehr Männer das Gefühl auskosten wollten, der neuen Sprechstundenhilfe wenigstens ein paar

Schritte ins Sprechzimmer folgen zu dürfen. Gern wären sie dem frühlingshaften Mädchen in entlegene Weltgegenden nachgegangen.
Leider begannen sich auch Probleme einzustellen: Fräulein Helga begegnete zwar ihren Mitmenschen, nicht jedoch dem Computer mit der wünschenswerten Gewandtheit. Als sie den Versuch unternahm, die Krankheitsgeschichten der gutgelaunten Patienten auf den Bildschirm zu rufen, kam es zu großen Verwirrungen. Dr. Ratsch, der sich gewohnheitsgemäß auf den Monitor verließ und seine Patienten nur noch selten eines diagnostischen Blickes würdigte, verordnete daraufhin einem Organisten, der sein chronisches Fußkribbeln behandeln lassen wollte, ein Präparat gegen Schluckauf. Und ein von Fräulein Helga stark entzündeter Forstgehilfe erhielt nicht das erhoffte Rezept gegen Herzflattern, sondern wurde auf Hexenschuß behandelt.
Als redegewandte Patienten die ersten Beschwerden vortrugen, legte Dr. Ratsch seine Alltagsroutine ab und verwandelte sich in einen philosophischen Menschen. »Schönheit hat eben ihren Preis«, resümierte er und faßte Fräulein Helga mit tadelndem Wohlgefallen ins Auge. Er ließ einen Elektroniker kommen, der den falschen Auskünften des Computers auf den Grund gehen sollte. Der Mann blickte kurz den Mikro und lange die Sprechstundenhilfe an. Daraufhin war er offenbar überzeugt, daß Helgas elektronische Unsicherheiten von anderen Vorzügen aufgewogen wurden. Helga legte ihre Führungsqualitäten ab und folgte dem Elektroniker in entlegene Weltgegenden.
Nun drohte die Praxis zusammenzubrechen. Glücklicherweise verlor Frau Mägerlein allmählich ihren gelbgrünen Teint und behielt nur den strengen Blick. Als sie an ihren Arbeitsplatz zurückgekehrt und Ordnung in die diskettierte Kartei gebracht hatte, konnte Dr. Ratsch den zeitraubenden Hang zur Philosophie wieder ablegen und seine Verschreibungspraxis fehlerfrei weiterführen. Nur in den Köpfen der Patienten regte sich manchmal die Überlegung, wie schwer es ist, perfekten Fortschritt mit perfekter Schönheit zu vereinen.

Happy-End per Computer

»Seltsam! Beim Zerlegen des Mikrocomputers hatte ich kaum Schwierigkeiten. Und jetzt, beim Zusammenbauen, will nichts mehr passen.«

Aus »Die Gartenlaube« von 1892, neu getextet von Erich Pawlu

Während des Starts spürte ich, daß mich die Stewardeß mißtrauisch im Auge behielt. Zwar kleide ich mich als Beauftragter meiner Firma in Kammgarn, trage Krawatten und lasse mir alle vier Wochen die Haare kürzen. Aber seit »Dallas« weiß man ja, was in solchen Leuten steckt, die so korrekt aussehen wie J. R., und überdies ein merkwürdiges Köfferchen mit sich führen.
Im Grunde habe ich nichts dagegen, wenn Mädchen ein Auge auf mich werfen. Unbekümmert öffnete ich meinen Handheldcomputer und machte mich zum Erstaunen der benachbarten Passagiere daran, meine Tageskorrespondenz zu erledigen.
Im Flugzeug entstand einige Unruhe. Die Stewardeß beriet sich mit ihren Kolleginnen, die mich alsbald mißbilligend betrachteten.
Der Kopilot erschien. »Sie verstoßen gegen die FAA, mein Herr«, sagte er. »Gemäß der Federal Aviation Administration ist es den Fluggästen untersagt, an Bord elektromagnetische Geräte zu betreiben.«
Daraufhin versteckte mein Platznachbar rasch seine elektronische Quarzuhr unter dem Ärmel. Ein Japaner nahm verlegen seine vollelektronische Kamera vom Fensterglas. Nur ein junger Mann behielt seinen Walkman ungeniert im Ohr, weil er unser Gespräch nicht hören konnte.
»Aber ich schreibe doch nur ein paar harmlose Briefe«, erwiderte ich.
»Das mag stimmen«, sagte der Kopilot, »aber Sie erzeugen dabei elektromagnetische Interferenzen. Wollen Sie etwa den Funksprechverkehr stören?«
Diese Absicht lag mir fern. Ich packte meinen batteriebetriebenen Computer ein, ließ die Zeit nutzlos verstreichen und nahm mir vor, künftig die Dienste modernerer Fluggesellschaften in Anspruch zu nehmen.
Dann aber kam die Stewardeß wieder und lächelte, wie die Damen bei »Dallas«, wenn sie sich an J.R. gewöhnt haben. »Sie dürfen Ihren Computer weiterbenutzen«, sagte sie.
Da ich mit Politik nichts zu tun habe, fehlt mir jeder Sinn für plötzliche Meinungsänderungen. »Ist Ihr Kopilot immer so launenhaft?« fragte ich deshalb.
Die junge Dame lachte. »Der Umgang mit portablen Computern ist auch für uns Neuland. Inzwischen hat uns die Zentrale mitgeteilt, wie man einen Passagier mit Handheldcomputer behandelt.
»Und wie?« fragte ich.
»Sehr höflich. Denn nach Erreichen der Reisegeschwindigkeit dürfen batteriebetriebene Computer an Bord unserer Clipper benutzt werden.«
So kam es, daß ich nach Erledigung der Firmen-

korrespondenz noch ausreichend Zeit für hübsche Computerspiele fand. Die Stewardeß machte sich auffallend oft in meiner Nähe zu schaffen.
»Was der alles kann!« sagte sie anerkennend. Sie hieß Doris und war trotz ihrer weiten Reisen neugierig geblieben.
Ich fütterte den Handheld mit dem Personal-Application-Kit und ließ Doris staunen. Vor allem das Spiel »Match-Making«, bei dem ich eine flüchtende Braut unter höchstem IQ-Einsatz festzuhalten hatte, gefiel ihr sehr. Nachdem ich Doris ein astronomisch exaktes Tageshoroskop, ihren Lieblingsschlager und die Kalkulation zur Errichtung eines Reihenhauses präsentiert hatte, bat sie mich, den Handheld ausrechnen zu lassen, wie viele Stunden pro Jahr eine Stewardeß in lebensfernen Luftschichten verbringt.
Nach dem Output meinte sie nachdenklich: »Das ist viel zu viel.«
»Vor allem für eine Stewardeß, die sich auf ein Zuhause freuen kann«, ergänzte ich. »Übrigens heiße ich Otto.«
Kurz vor der Landung bat mich Doris, den Handheldcomputer wegen Verringerung der Reisegeschwindigkeit abzuschalten. Da zögerte ich keinen Augenblick. Denn zu diesem Zeitpunkt konnten Doris und ich schon im Kopf ausrechnen, bei welchen Gelegenheiten wir den Handheld auf dem festen Boden der Ehe interferenzfrei nutzen würden.

Ein Erfolg in Informatik

»Ruhe! Jetzt haben wir Biologie. Nach der Pause dürft ihr meinetwegen wieder an den Schulcomputer.«

Aus »Alte und neue Welt« von 1875, neu getextet von Erich Pawlu

Oberstudienrat Friedhelm Nimbsch hätte das neue Schuljahr mit der Gelassenheit des fünfzigjährigen Routiniers beginnen können. Aber sein Chef empfing ihn mit einer schlimmen Nachricht: »Unsere Lage ist verzweifelt«, sagte er. »Die sinkenden Schülerzahlen gefährden Ihre Auslastung, Herr Nimbsch. Wenn ich Sie nur in Ihrem Fach Kunsterziehung einsetze, erreichen Sie nicht mehr die vorgeschriebene Stundenzahl.«

Nimbsch hatte das bedrückende Empfinden, das Schafe heimsuchen mag, wenn Blitze ein Gewitter ankündigen.

»Ich könnte ein paar Stunden Mathematik geben«, schlug er vor. »Den Stoff der Unterklassen würde ich vielleicht noch meistern.«

»Kunsterziehung und Mathematik sind sehr weit voneinander entfernt«, lächelte der Direktor. »Ich habe Ihnen ein Fach reserviert, in das Sie Ihre Fähigkeit des Staunens einbringen dürfen. Als Künstler schätzen Sie ja Wunder und andere Unbegreiflichkeiten.«

Nimbsch verstand nichts. »Sie werden«, so erläuterte der Chef, »in diesem Schuljahr Informatik unterrichten.« Der Kunsterzieher blickte verstört drein, als wolle ihn jemand zum Verbrennen eines Rembrandts veranlassen. »Aber ich verstehe absolut nichts von Computern«, sagte er.

»Das wird sich schon ändern«, meinte der Direktor beruhigend. »Ich habe Sie schon zu einem entsprechenden Fortbildungslehrgang angemeldet. In wenigen Wochen sind Sie der Computerexperte unserer Schule. Wäre doch gelacht, wenn Sie das bißchen Fachchinesisch nicht begreifen würden. Nachdem Sie sogar Picasso begriffen haben.«

Jede Nacht schrak Nimbsch aus dem Schlaf auf. In seinen Alpträumen sah er sich an heimtückischen Schulcomputern herumwerkeln, die bei der ersten unsachgemäßen Berührung explodierten.

Natürlich kaufte sich Oberstudienrat Nimbsch ein PC-Handbuch und erlernte mühsam ein paar Fachausdrücke. Viel lieber hätte er das künstlerische Mysterium der abstrakten Formgebung erläutert, das ihm im Vergleich mit modernen Softwaregeheimnissen plausibel wie das kleine Einmaleins erschien.

In seiner Not entschloß sich Nimbsch, das Unterrichtsfach Informatik von der philosophischen Wurzel her anzupacken. Seine Schüler sollten, ehe sie auf die Tastatur losgelassen würden, grüblerische Überlegungen zu Gefahr und Segen des elektronischen Fortschritts anstellen, um der Computerzivilisation mit kritischem Vorbehalt begegnen zu können. Friedhelm Nimbsch begriff, daß der Mensch in die theoretische Mißbilligung der Chipepoche ausweichen kann, solange es ihm an praktischem Wissen fehlt.

Zu Beginn der ersten Unterrichtsstunde gelang es dem Pädagogen tatsächlich, seine Unerfahrenheit im Umgang mit elektronischen Rechnern hinter einem kulturpessimistischen Wortschwall zu verbergen. In seinem Einführungsreferat wurden die Begriffe Bit und Byte, Compiler und Online, Terminal und Peripherie in einem Tonfall vorgetragen, als kündigten sie das Ende der abendländischen Kunst einschließlich der Zerstörung sämtlicher gemalter Meisterwerke an. Aber nach einer Viertelstunde zeigten sich die praxishungrigen Freaks von der Weltuntergangsstimmung nicht mehr gefesselt.

»Dürfen wir jetzt ran?« fragte ein Schüler.

Es war ohnehin nicht zu verhindern. Die jungen Leute stürzten an die Geräte, ließen routiniert die Finger über die Tastaturen tanzen und zauberten die hübschesten Dinge auf die Bildschirme. Sie rechneten und spielten, erstellten Statistiken und Grafiken und diskutierten hitzig über Programmvarianten. Friedhelm Nimbsch war vergessen. Aber immerhin prüfte er seine Intelligenz an dem Spiel, bei dem ein elektronischer Frosch über eine belebte Straße und einen gefährlichen Fluß geleitet werden muß.

Die nachfolgenden Informatikstunden machten dem Kunsterzieher zunehmend Spaß. Als ihm seine Schüler zeigten, daß sich Zeugnisbemerkungen mit Hilfe von Satzbausteinen höchst variabel gestalten lassen, empfand Friedhelm Nimbsch beim Anblick der vier Schulcomputer erstmals eine Art künstlerische Wärme in der Brust.

So bescherte der Unterricht zumindest den Schülern einen vollen pädagogischen Erfolg. Und nach Besuch des Fortbildungslehrgangs gelang es dem Informatiklehrer Nimbsch, ohne kulturpessimistischen Klageton über Bits und Byte, Compiler und Online, Terminal und Peripherie zu sprechen.

Computerfieber

Forschungsergebnis

Sehr geehrter Herr Kollege,

besten Dank für die Überweisung des Privatpatienten Henning Quittel. Ich teile Ihre Hypothese, daß Quittel an einem noch weitgehend unbekannten pathologischen Symptomenkomplex leidet.

Henning Quittel erschien mit zerzaustem Haar, aber merkwürdig leuchtenden Augen in meiner Praxis. Während der Anamnese erwies sich die Vokabel »Computer« als zentraler Begriff in seinem fremdwortüberhäuften Sprachschatz. Dieser Umstand und die Tatsache, daß Henning Quittel ständig mit angewinkelten Armen durch mein Sprechzimmer hastete, veranlaßte mich zur Durchführung eines Experiments.

Ich setzte den Patienten an meinen Praxiscomputer, mit dem meine Sprechstundenhilfe leider immer noch nicht zurechtkommt. Sofort geriet Quittel in eine Art Ekstase, programmierte mein elektronisches System optimal, verlangte jedoch unentwegt nach Kaffee und neuen Aufgaben.

Ich ließ Quittel – seiner Bitte entsprechend – auf einer Behandlungsliege neben dem Computer nächtigen. Am Morgen machte sich der Patient, ergriffen von einer deutlichen Euphorie, in ungewaschenem und ungekämmtem Zustand, abermals an die Arbeit.

Sobald die Programmiermaßnahmen am Computer beendet waren, wurde Quittel von einer quälenden Depression befallen. Vor dem Monitor philosophierte er über die Leere des Lebens. Schleunigst mußte der Mikro wieder eingeschaltet werden.

Zweifellos ist das manisch-depressive Krankheitsbild des Patienten durch eine libidinöse Bindung an den elektronischen Apparat verursacht. Ich schlage vor, dies pathologische Phänomen vorläufig als »zwanghafte Programmomanie« oder »Computeritis« zu bezeichnen. Verbunden wäre ich Ihnen, wenn Sie in Ihrer demnächst erscheinenden Untersuchung vermerkten, daß die moderne Medizin den Fachausdruck meinen praktischen Beobachtungen zu verdanken hat.

Mit kollegialem Gruß

Dr. Reiner Mucks, Psychotherapeut

Lebenssinn

Liebe Eltern,

jetzt habe ich meine Erfühlung. Bin in einem Shop untergekohmen, wo ale richtig nett zu mihr sind. Zeig den Leuten dolle Computerspiele wie zumm Peispiel »Star Battle« und »Devil Riders«. Macht rießigen Spahß. Nachts tu ich weiterträumen. Schieße dauernd Ufos ab. Mein Chef sagt, ich bin der richtige Typ. Habe den Umsatz schon um 30 Brotzent raufgetrimmt. Erhalte Zulacke. Ich sage Euch, das Computerzeitallter ist eine echt total irre Sache.

Euer Manfred

Lieber Onkel,

Du warnst mich vor der Welt der Computer, weil Du meinst, daß meine intellektuelle Leistungsfähigkeit und meine Arbeitsenergie schrumpfen könnten. Dein Lebenslauf als Buchhalter sei, so meinst Du, von der Herausforderung geprägt gewesen, selbst riesigen Zahlenkolonnen mit trotziger Zähigkeit und unerschrockenem Fleiß zu begegnen.

Doch ich habe heute ein Programm entwickelt, das Deine mühsamen Buchhalteraufgaben in Sekundenschnelle erledigt. Ich habe ausgerechnet, daß der Computer Deine ganze Lebensarbeit in maximal drei Tagen bewältigen könnte. Bitte schreibe mir, welche Arbeitstugenden Du mir jetzt empfehlen kannst.

Dein Neffe Niko

Liebeskummer

Lieber Klaus,

seit Du mit Deinem Computer in der Zweierkiste zusammenlebst, finde ich Dich absolut schrill

und abgedreht. Du sagst, alle Deine Programme gehen tierisch ab. Mensch, haste denn keine Memory, wie total irre es bei mir war, wenn wir am Glotzophon klebten, eine Ohrenspülung machten oder mit Deinem Moto-Schnucki durch die Pampa heizten?
Natürlich bin ich nicht ganz »error free«. Aber deshalb kannst Du mich noch lange nicht »Zippelgusse« nennen, Du Chaot! Schnallst Du eigentlich nicht, daß Du ein Head cleaning dringend nötig hast?
Ich gebe Dir eine letzte Chance: Sei kein Nervi und wickel Dich von Deinem Mikro ab. Wir treffen uns um 19 Uhr bei Antonio im »Napoli« und zerren eine Mafia-Torte rein. Alles klar, Meister?

Deine Nadja-Maus

Wein-Computer

»Deprimiert, Herr Krautlick?« - »Ja, ich habe alle Flaschen meines Weinkellers auf Diskette gespeichert.« - »Na und?« - »Und heute habe ich mir von meinem Computer ausrechnen lassen, wieviel Glykol ich speichere.«

Aus »Fliegende Blätter« von 1910, neu getextet von Erich Pawlu

Henning Krautlick ist ein praktischer Typ. Als sich immer mehr fortschrittliche Menschen der nördlichen Halbkugel an Computer setzten, zog auch Henning Krautlick die Konsequenz. Er schaffte sich sein privates Elektronengehirnchen an und betrachtete von diesem Augenblick an sein Leben in der Perspektive eines Rechners.

Alle statistisch erfaßbaren Dinge wurden auf Diskette abgespeichert. Schon nach einem Monat konnte Krautlick vom Monitor des Homecomputers den Durchschnittswert der täglichen Verweildauer seiner Freundin ablesen. Tatjana Nickedei staunte über Hennings Fähigkeit, System in die mathematikferne Welt privater Empfindungen zu bringen. Allerdings schränkte Tatjana ihre Bewunderung ein, als ihr Freund nach dem Austausch jeder kleinsten Zärtlichkeit aufsprang, um die Zahl der Küsse und Streicheleinheiten sofort dem Computer mitzuteilen.

Daraufhin blieb Tatjana Nickedei dem datenverarbeitenden Haushalt ihres Freundes eine Zeitlang fern. Eine ausbleibende Freundin ist aber für einen Menschen, der am Computer sitzt, kein Grund zur Panik. Es gab genügend andere Dinge in Krautlicks Lebensbereich, die erfaßt, abgespeichert und verrechnet werden konnten. Henning beschloß, die Zeitspanne bis zu Tatjanas Wiederkehr mit der elektronischen Systematisierung seines Weinkellers zu füllen. Seine Konzentration auf Computerarbeiten hielten Henning Krautlick davon ab, den Inhalt der Flaschen zu konsumieren. Damit war das Durchschnittsalter der gehorteten Spät- und Auslesesorten erfreulich gestiegen. Krautlick holte sich vom nächsten Amt die neueste Weinpanscherliste und ging freudig ans Werk. Er vertraute seinem Home-Computer die Zahl der Flaschen mit Glykolgehalt an, gab die amtlich beglaubigten Giftanteile ein und ließ die Chips errechnen, welche Mengen von Frostschutzmitteln in seinem Keller lagerten.

Das Ergebnis war eindrucksvoll. Henning Krautlick, der vor seiner persönlichen Computerära zahlreiche Kriminalromane gelesen hatte, fühlte sich wie ein von Edgar Wallace erfundener Bösewicht, der in seinem Wohnzimmer harmlose Dinge betreibt und im Keller die Vernichtung der Menschheit vorbereitet.

Glücklicherweise ergaben sich immer neue Möglichkeiten, die elektronisch gespeicherten Getränkedaten zu aktualisieren. Sobald die Behörden eine weitere Trockenbeerenauslese als Kunstwein und einen bisher unverdächtigen Sekt als Frostbekämpfungsmittel entlarvt hatten, stürzte Henning Krautlick an sein Gerät und errechnete mit der Lust eines faktenwütigen Forschers die neuen Relationen von Wein und chemischen Beigaben in seinen Flaschen. Während Tatjanas Kußstatistik stagnierte, stieg der Glykolgehalt im Keller ohne Einwirkung des Hausherrn ständig an.

Als Henning Krautlick wieder einmal unterwegs war, um sich die neuesten Weingiftlisten zu beschaffen, kehrte Tatjana Nickedei reumütig in die Wohnung ihres Freundes zurück. Beim Öffnen der Tür hatte sie die feste Absicht, die elektronischen Berechnungen ihrer Zärtlichkeit zu optimieren. Um Henning in einladender Atmosphäre empfangen zu können, stieg sie in dessen Weinkeller hinab, holte eine Flasche Trockenbeerenauslese, öffnete sie liebevoll und füllte zwei Gläser. Henning blieb noch eine Weile aus. Da begann Tatjana inzwischen auf sein Wohl zu trinken. Schon nach dem ersten Viertel sah das Mädchen in Hennings Computerbegeisterung eine liebenswürdige Marotte, und nach dem zweiten Viertel wurde sie von rasender Sehnsucht erfaßt.

Bei seiner Rückkehr sah Krautlick sofort, daß Tatjana von Frostschutzmitteln zum Glühen gebracht worden war. Er stürzte nicht in die Arme seiner Freundin, sondern ans Keyboard seines Computers.

Blitzschnell ließ er errechnen, mit wieviel Milligramm Glykol Tatjana angereichert worden war. Auf dem Bildschirm erschien die Mitteilung, daß in Tatjanas Blutbahnen noch nicht die Meßwerte erreicht waren, wie sie in einer winterlichen Autokühlanlage üblich sind. Tatjana Nickedei bat Henning um eine Interpretation der beruhigenden Outputs. Dabei kuschelte sie sich an ihren Freund wie an einen Lebensretter. Nun konnte Henning Krautlick die Vorzüge des Computerzeitalters in vollen Zügen genießen.

Karriere zwischen Chip und Tonne

»Ist Heinrich nicht ein Schatz? Sein schönstes Hochzeitsgeschenk ist dieser Druckkopf für meinen neuen Tintenstrahldrucker.«

Aus »Alte und Neue Welt« von 1875, neu getextet von Erich Pawlu

Eigentlich wollte ich ja Humanität unter die Leute bringen. Inzwischen begnüge ich mich damit, elektronisch verarbeitete Mahnungen zu versenden.

Nachdem ich zum Lehrer für alte Sprachen ausgebildet worden war, mußte ich erfahren, daß nur wenige junge Leute Platons Dialoge im Original lesen möchten. Das Kultusministerium tadelte sanft meine unzeitgemäße Vorliebe für Trends der Perikleischen Epoche, stellte mich auf die Straße und riet mir zu einer bescheidenen Lebensführung nach Art des Diogenes.

Weniger philosophisch waren die Tips vom Arbeitsamt. »Sie sind wenigstens imstande, einen Personal Computer zu bedienen?« fragte der Berufsberater.

»Ich habe viel Altes gelernt. Nun bin ich bereit, Neues aufzunehmen«, sagte ich ausweichend. Der Herr am Schreibtisch lachte nachsichtig: »Als totaler EDV-Analphabet sind Sie auf dem Arbeitsmarkt nicht vermittelbar.«

Wenn mir der klassische Idealismus nicht in Fleisch und Blut übergegangen wäre, hätte mich diese Auskunft vermutlich in eine Tonne gejagt. Aber statt dessen begab ich mich als mikroelektronischer ABC-Schütze auf den zweiten Bildungsweg.

Ein Institut bot Hilfe an. Bald erlernte ich zusammen mit 19 ebenfalls verstimmten Hochschulabsolventen an Bürocomputern die bisher vernachlässigte Fähigkeit, mit einem realitätsorientierten Programm umzugehen. Tag für Tag saß ich vor dem Terminal und staunte, welche Lust es bereiten kann, ein richtiges Knöpfchen zu finden und zu drücken. Unterrichtet wurde ich von einer jungen Dozentin, die Karin hieß und vernünftigerweise Informatik studiert hatte. Ich nannte sie insgeheim Diotima. Sobald die grazile Dame in die Nähe meiner Tastatur kam, befürchtete ich einen totalen Zusammenbruch des Stromsystems im Computer. Aber störungsfrei vermittelte mir die Kursleiterin Basic. Sokrates soll von einer Diotima über das Wesen der Liebe belehrt worden sein. Ich war nicht weniger fasziniert, als mir meine Diotima uneigennützig den kaufmännischen Softwareeinsatz erläuterte und schließlich bei der schulinternen Abschlußprüfung zwei Fragen zur Gerätekonfiguration beantworten half.

Mit dem EDV-Zeugnis und dem schriftlichen Fleißnachweis erhielt ich sofort eine Anstellung. Die Firma Nimbsch & Zisch suchte einen kaufmännischen Sachbearbeiter, der mit Computerunterstützung wirksame Mahnschreiben an zahlungsunwillige Kunden austüftelt. Ich schlug voll ein. Vielleicht fühlten die säumigen Schuldner von Nimbsch & Zisch, daß die Zahlungsaufforderungen von einem Menschen formuliert worden waren, der, geleitet von Platons Ideenlehre, an eine bessere Welt mit perfekter Zahlungsmoral glaubt. Jedenfalls lenkte ich mühelos einen wesentlichen Teil des ausstehenden Geldes in die Kassen meines Unternehmens. Die Geschäftsleitung dankte mit einer Gehaltserhöhung.

In diesem Augenblick empfand ich das Bedürfnis, ein realitätsorientiertes Programm für meine fernere Zukunft zu entwickeln. Mit starkem Herzklopfen rief ich meine Basic-Diotima an und unterbreitete ihr ein Angebot zur Herstellung eines integrierten Schaltkreises auf privater Basis.

Karin reagierte verhalten. Sie gestand, daß sie, beeindruckt von meiner verinnerlichten Art, einer grundsätzlichen Schwäche für altsprachlich gebildete Männer erlegen sei und deshalb kurzerhand Herrn Kringler, einen glänzend examinierten, aber stellungslosen Altphilologen geheiratet habe. Diese Absage inspirierte mich zu besonders scharf formulierten Mahnschreiben. Gestern allerdings wurde mein Engagement zum Wohle der Firma unterbrochen, als ich auf meinem Bildschirm plötzlich den Namen Karin Kringler las. Meine Diotima erschien inmitten der Liste zahlungsunwilliger Kunden. Da erinnerte ich mich an die Ideale der klassischen Philologie und löschte den Namen meiner Basic-Lehrerin. Sie soll durch eine elektronisch textverarbeitete Mahnung nicht an den Sieg des Computers erinnert werden, wenn sie an der Seite ihres gebildeten Mannes ein philosophisches Leben einübt.

Übrigens stellt meine Firma Fässer her. Eigentlich sind Ölproduzenten unsere Abnehmer. Aber Karin Kringler und ihr universal gebildeter Gatte fühlen gewiß einen Schauer bedürfnisloser Größe, wenn sie in ihrer unbezahlten Tonne von Nimbsch & Zisch der Geisteswelt des Diogenes näherrücken. Und ich, der Philologe am Computer, habe nun doch ein bißchen Humanität unter die Leute gebracht.

Psycho-Test

Die volksnahe Psychologie der Gegenwart vermittelt uns mit Hilfe der einschlägigen Zeitschriftentests oftmals bestürzende Einblicke in die Abgründe unserer Seele. Unser Test verrät jungen Leuten, ob sie die erforderliche Psycho-Qualifikation zum Spaziergang durch das Computerzeitalter haben. Bitte kreuzen Sie jeweils Ihre Lösung an!

Frage 1:
Wie verhalten Sie sich beim Anblick eines bildhübschen Mädchens?

- ☐ Ich lade das Mädchen sofort zum Pizzaessen ein. (null Punkte)
- ☐ Ich überlege sofort, ob mir das Mädchen zu Weihnachten einen Homecomputer schenken würde. (fünf Punkte)
- ☐ Ich flüstere ihr ein paar Kommandos in Basic ins Ohr. Nur wenn das Mädchen eingeweiht reagiert, fasse ich eine nähere Bekanntschaft ins Auge. (zehn Punkte)

Frage 2:
Was fällt Ihnen zu dem Begriff »Algorithmus« ein?

- ☐ Ich denke sofort an den allgemein bekannten Mathematiker Al-Chwarismi aus dem zehnten Jahrhundert (zehn Punkte)
- ☐ Ich stelle mir einen futuristischen Eintopf aus Algen vor. (vier Punkte)
- ☐ Ich denke an Algebra und drehe zur Ablenkung meinen Walkman auf Höchstlautstärke. (null Punkte)

Frage 3:
Ihr Homecomputer macht plötzlich keinen Mucks mehr. Wie verhalten Sie sich?

- ☐ Ich denke an die Vergänglichkeit der Welt und weine ein Weilchen. (null Punkte)
- ☐ Ich hole Arbeitskittel und Schraubenzieher, wühle in den Chips und studiere mit Lust das Innenleben meines Computers. (zehn Punkte)
- ☐ Ich trete mit einem Fachmann in zähe Verhandlungen über die Höhe der Reparaturkosten ein. (sechs Punkte)

Frage 4:
Ihr Vater verweigert Ihnen das Geld für die Anschaffung von Peripheriegeräten zu Ihrem Computer. Wie reagieren Sie?

- ☐ Ich versuche ihm klarzumachen, daß ich mit dem Peripheriegerät eine Datenbank anzapfen und ihm das gesamte Weltwissen auf den Tisch knallen kann. (fünf Punkte)
- ☐ Ich flüchte zu Mami und lasse mir das Gerät von ihr zu Weihnachten schenken. (null Punkte)
- ☐ Ich lasse die Bemerkung fallen, daß mein Freund mit dem gleichen Gerät den Kontostand seines Vaters bereits günstig beeinflußt hat. (acht Punkte)

Frage 5:
An Ihrer Schule wurde kein Informatikkurs eingerichtet. Welche Maßnahmen leiten Sie ein?

- ☐ Ich tröste mich mit dem Leistungskurs Philosophie. (vier Punkte)
- ☐ Ich sprühe das Hauptwort der Fäkalsprache an die Fassade der Schule. (null Punkte)
- ☐ Ich erledige mit meinem Homecomputer kostenlos die Steuererklärung des Direktors. Nach der Steuerrückzahlung dränge ich auf die Einführung des Informatikunterrichts. (zehn Punkte)

Frage 6:
Wie verhalten Sie sich im Kunstunterricht angesichts der Aufgabe, eine Illustration zu Homers »Odyssee« zu liefern?

- ☐ Ich streike und zeichne Details aus dem Schaltgefüge eines Computers. (vier Punkte)
- ☐ Ich zeichne Kirke und Odysseus aus moderner Sicht und lasse die Kunsterzieherin erröten. (null Punkte)

- ☐ Ich leihe mir Vaters PC aus und stelle die Arbeiten meiner Mitschüler mit einer gekonnten Computergrafik in den Schatten. (neun Punkte)

Auswertung:
57 bis 39 Punkte: Bravo! Sie haben erkannt, welche Qualitäten in unserer Zeit gefragt sind. Ihre Persönlichkeit ist die eines siegreichen Turnierpferdes: Vor keinem Hindernis scheuen Sie zurück. Über die antiquierten Denkweisen unserer Welt setzen Sie sich gleichsam mit einem triumphierenden Wiehern hinweg. Beschreiten Sie auch weiterhin den elektronischen Karriereparcours - Sie werden Siegerlorbeer ernten!

38 bis 19 Punkte: Sie haben noch nicht hinreichend erkannt, daß der Weg in die Zukunft mit elektronischen Vorsätzen gepflastert werden muß. Ihr Charakter erinnert an ein zerstreutes Eichhörnchen, das ohne Programm durch wirres Dickicht irrt und sich von jeder tauben Nuß ablenken läßt. Machen Sie weniger Luftsprünge und gehen Sie statt dessen daran, die harte Nuß der elektronischen Wissenschaften zu knacken!

18 bis 0 Punkte: So dürfen Sie auf keinen Fall weitermachen! Halten Sie sich bei Ihrer künftigen Lebensgestaltung immer das warnende Beispiel des von der evolutionären Entwicklung überrollten Dinosauriers vor Augen. Sie müssen sich vom überflüssigen Ballast Ihres veralteten Traditionsbewußtseins befreien. Dann werden Sie flexibel genug sein, um sich in der Welt der Chips wohlzufühlen.

Lyrik im deutschen Computerprogramm

»Irgendeine Anweisung in meinem Handheld-Handbuch zur Einschaltung des Flüssigkristalldisplays muß ich wohl mißverstanden haben.«

Aus »Die Gartenlaube« von 1896, neu getextet von Erich Pawlu

»Herr Nimischl, beeilen Sie sich. Die Zeit drängt. Die Software muß auf den Markt. Die Konkurrenz schläft nicht.« Der Computerproduzent Abelship war eigens nach Deutschland gereist, um den Programmierer unter Zeitdruck zu setzen.

»Sie brauchen mir nichts zu erzählen«, sagte Herr Nimischl mürrisch. »Ich arbeite ohnehin Tag und Nacht an der deutschen Programmversion.«

»Sie wollten eigentlich längst fertig sein«, bemerkte Abelship, indem er mit dem rechten Zeigefinger zwischen Hals und Hemdkragen herumarbeitete. Offenbar schwoll unter dem Einfluß der Nervosität sein Halsumfang beträchtlich an.

»Mich trifft keine Schuld. Ihr amerikanisches Programm ist für deutsche Verhältnisse unbrauchbar.«

»Also entschuldigen Sie mal!« brauste Abelship auf. »Wir haben die Software in den Vereinigten Staaten inzwischen hunderttausendmal verkauft.«

»Das mag ja sein«, bemerkte Nimischl. »Aber für den deutschen Menschen ist Ihr Softwaredialog viel zu barsch.«

»Das ist einfach lächerlich, Nimischl. Unsere Dialogsprache ist knapp, gewiß. Aber zugleich sachlich und klar.«

»Eben. So kann man dem deutschen Anwender nicht kommen. Vergleichen wir einmal. Sobald ich eine Diskette falsch einlege, reagiert Ihr Programmtext ausgesprochen brutal.« Nimischl schob eine Diskette verkehrt ins Laufwerk. Auf dem Monitor erschien prompt der mürrische Hinweis: »LOAD ERROR«.

»Ich kann keine Brutalität erkennen«, knurrte Abelship irritiert.

»Nur Geduld«, meinte Nimischl. »Jetzt führe ich die deutsche Version vor.«

Der Programmierer wechselte die Software, legte eine Diskette fehlerhaft ein und wies auf den Bildschirm. Dort erschien die klargetextete Auskunft: »SIE SIND AUF DEM RICHTIGEN WEG. NUR DIE DISKETTE LIEGT NOCH NICHT ORDENTLICH IM LAUFWERK. BITTE SEIEN SIE SO FREUNDLICH UND SEHEN SIE NACH. SIE HABEN KEINEN GRUND ZUM VERZAGEN.«

»Ein bißchen umständlich, nicht wahr?« meinte Abelship.

»Aber konstruktiv,« sagte Nimischl.

»Und Ihre Kunden erwarten tatsächlich solche geschraubten Auskünfte?« fragte Abelship ungläubig.

Nimischl erläuterte: »Gewiß. Haben Sie schon einmal eine deutsche Zeugnisbemerkung gelesen?«

»Nein«, sagte Abelship.

»Eben. Der deutsche Mensch sieht in seinen Zeugnisbemerkungen, daß sogar seine Schwächen lobend umschrieben werden können. Deshalb habe ich Zweifel, ob mein Formulierungsvorschlag ausreichend höflich ist. Vorsichtshalber werde ich statt der Punkte zwischen den Sätzen jeweils drei Herzchen einprogrammieren. Das ist menschlicher. Persönlicher. Gewinnender. Und es ist deutsch.«

»Sie wollen alle Meldungen mit so großem Feingefühl übersetzen?« fragte Abelship irritiert.

»Selbstverständlich. Mit Ihrem knappen Hinweis ‚INSERT DISK' können wir uns beispielsweise nicht begnügen.«

»Wie heißt die deutsche Version?«

Nimischl drückte auf die Tastatur und überraschte Abelship mit dem Bildschirmtext:

»KEINERLEI PROBLEME HÄTTE,
WER JETZT IN DIE LAUFWERKSTÄTTE
RICHTIG LEGTE DIE DISKETTE.«

»Das ist ja Lyrik!« schrie Abelship, und er sah aus, als platzte ihm gleich der Kragen. »Und was haben Sie gegen eine lyrische Programmsprache?« fragte Nimischl.

»Na hören Sie mal! Ein technisches Gerät hat doch nichts mit Hölderlin zu tun.«

»Da täuschen Sie sich«, erklärte der Programmierer. »Wir haben festgestellt, daß in Deutschland vor allem jüngere Jahrgänge an Computern arbeiten.«

»Na und? Sind junge Leute vielleicht ausnahmslos Lyriker?« Abelship wurde so barsch wie seine Programmsprache. »Das nicht«, meinte Nimischl. »Aber sie sind nachhaltig von unserem Schulsystem geprägt.«

»Das gilt doch auch für die jüngeren Amerikaner.«

»Aber«, sagte Nimischl, »die jungen Amerikaner waren in amerikanischen Schulen.«

»Da gibt es einen Unterschied?«

»Selbstverständlich. Viele unserer Schulabgänger haben einen Horror vor aller Technik. Da kann man sie nicht gleich mit ruppigen Anweisungen wie ‚INVALID FILENAME' oder ‚DISK FULL' überfallen. Das könnte die antitechnische Einstellung verschärfen. Nur wenige junge Leute wurden in der Schule mit einem Computer konfrontiert. Aber mit Lyrik. Da müssen wir anknüpfen und einen sanften Übergang schaffen. Das Computerzeitalter soll niemanden frustrieren.«

Der Computer als Kumpan

Die unerlaubte Lust

Erwin Nutschke wollte, wie alle anderen Leute auch, den Sinn und Wert des elektronischen Zeitalters hinterfragen. Deshalb las er mit großem Ernst das dreibändige Werk »Kein Grips durch die Chips«. Auf diese Weise brachte er, ohne je einen Computer berührt zu haben, bequem in Erfahrung, daß der Mensch von elektronischen Höllenmaschinen versklavt, entfremdet und als hirnentleerter Handlanger obendrein verspottet werde.

»Ich bin hier der Commodore, verstanden? Und, Emmi, wenn du morgen wieder am Computer sitzt und das Essen anbrennen läßt, werfe ich das System zum Fenster hinaus und beende in unserem Haushalt das Zeitalter der Elektronik.«

Aus »Fliegende Blätter« von 1910, neu getextet von Erich Pawlu

Wenn Erwin Nutschke mit seinen Freunden beisammen saß, würzte er die Gespräche über schlechten Wein, schlechte Wirtschaftslage und schlechte Ehen mit ein paar Betrachtungen zur bevorstehenden Entmündigung des Menschen durch den Computer. Das brachte ihm großes Ansehen und den Ruf eines weitblickenden EDV-Kritikers ein. Das neue Image vermittelte Erwin Nutschke nicht nur ein Gefühl des Stolzes, es bürdete ihm auch Verpflichtungen auf. Er sah sich gezwungen, eine Reihe kulturpessimistischer Zeitschriften zu abonnieren, computerfeindliche Leserbriefe zu verfassen und mit alternativen Zirkeln zu korrespondieren. Als die städtische Volkshochschule einen mehrsemestrigen Kurs zum Themenkreis »Die Kapitulation des Menschen am Keyboard« ankündigte, gehörte Erwin Nutschke selbstverständlich zu den düster dreinblickenden Zuhörern.

Der Referent hieß Dr. Kyros Lappenstraate und bereitete vor seinem Publikum ein farbenprächtiges Weltbild aus. Er empfahl seinen Jüngern die möglichst sofortige Abkehr von bisherigen Ernährungsgewohnheiten und befand allein die Karotte für würdig, Geist und Körper des Menschen mit ihren wohltuenden Säften zu durchdringen. Ferner trat Dr. Lappenstraate für ungezwungene Liebesbeziehungen zwischen Mann und Frau ein. Dabei blinkte er, gleichsam zur Veranschaulichung seiner Theorie, eine strickende Hörerin mit feurigen Augen an, was schon deshalb ein Kunststück war, weil der Kopf des Dozenten durch naturbelassenen Haar- und Bartwuchs fast vollständig verhüllt war.

Gelegentlich drang der Meister zu seinem Thema vor. Da erklärte er, daß der Mensch für die Arbeit am Computer völlig ungeeignet sei.

Unsere Gefühle seien nämlich im Hirnstamm beheimatet, und der habe sich schon bei außerordentlich primitiven Vorfahren voll ausgebildet. Wie sein Urahn liebe der moderne Zeitgenosse das unberechenbare Abenteuer. Der Computer, ein letzten Endes mathematisches Gerät, sei jedoch auf Berechenbarkeit programmiert und verweigere deshalb der Bedienungsmannschaft jeden Ansatz von Lust. Angestrengt lauschte Erwin Nutschke den Ausführungen zum Wert der Karotte und zum Unwert des Computers. Mit stenografischer Hektik hielt er die kostbaren Äußerungen Dr. Kyros Lappenstraates Wort für Wort fest, damit kein kulturpessimistisches Samenkorn neben Erwin Nutschkes Lebensweg fiele und ungenutzt verdorre.

Mühe freilich machte die Verarbeitung der mitunter ineinandergreifenden Gedanken des Volkshochschuldozenten. Nutschke fand kaum die Zeit, die computerfeindlichen Argumente Dr. Lappenstraates zwischen zwei Lektionen ins Reine zu schreiben. Da verfiel Erwin Nutschke der Idee, sich ein computergesteuertes Textverarbeitungsgerät anzuschaffen und die Tiraden gegen das elektronische Zeitalter mit Hilfe zeitsparender Elektronik aufzuschreiben und zu sammeln.

Heimlich ließ der Computerfeind den Computer ins Haus liefern, heimlich erlernte er die Bedeutung der Funktionstasten, und schon nach kurzer Zeit war er imstande, dem Prozessor einen besonders grimmigen Anwurf gegen das Zeitalter der Chips zuzuführen. Als der Text in schöner Ordnung auf dem Bildschirm erschien, kam Bewegung in Erwin Nutschkes Hirnstamm. Ein Gefühl grenzenloser Lust befiel den Volkshochschüler, so daß er nach immer mehr computerfeindlichem Stoff verlangte, um seinen Computer ausreichend füttern zu können. Allmählich erhob Nutschke die Arbeit am Textsystem zu seinem Lebensinhalt. Das Gefühl, den Computer souverän zu beherrschen, löste in seinem Hirnstamm den gleichen Reiz aus wie eine erfolgreiche Bärenjagd im unterentwickelten Verstand seiner Urahnen. Nur wenn Erwin Nutschke zu Füßen von Dr. Lappenstraate saß, beschlich ihn bisweilen das bedrückende Gefühl, in seinem Kämmerchen verbotene Lüste zu genießen.

Ein elektronisches Donnerwetter

»Wie liegen wir im Trend?« fragte der Festredner.
»Ihr Geschäft blüht«, antwortete die Sekretärin.
»Nun möchte auch das Kuratorium für die Reaktivierung der Schreibfeder Ihre Arbeit abdrucken.«
»Welche Arbeit?« fragte Otto Zisch zerstreut.
»Na, Ihre Analyse über die Abhängigkeit der abendländischen Lyrik von Naturschreibwerkzeugen«, erläutert Fräulein Weck, die Sekretärin. Zisch strahlte. »Ja, meine Laudatio auf den Gänsekiel ist sehr beliebt. Auch das Fernsehen hat mich gestern gelobt.«
»Außerdem erwartet das Komitee zur Förderung der handgeschriebenen Lebensläufe bis Montag Ihre Analyse zum Verfall der schriftlichen Selbstfindung.«
»Zahlen die Burschen anständig?« fragte Otto Zisch.
»Ich habe klargestellt, daß Sie sehr gefragt und deshalb nicht billig sind.«
»Schön, Fräulein Weck. Dann variieren Sie einfach meine Betrachtung über den Zusammenbruch der Briefkultur - Noch weitere Aufträge?«
»Selbstverständlich. Der Freundeskreis eingetragener Antielektroniker braucht Sie nächste Woche als Redner. Das Referat darf neunzig Minuten dauern. Ihre Argumente müssen von alternativen Futuristen weiterverwendet werden können.«
»Haben die Antielektroniker spezielle Formulierungswünsche?«
»Ja«, sagte die Sekretärin und erläuterte: »Sie, Herr Zisch, sollen verdeutlichen, daß der Bildschirm im elektronischen Zeitalter die Würde der Buchstaben gefährdet. Der Personal Computer muß als Dämon, der Bildschirm als Endstation des abendländischen Denkens dargestellt werden.« - »Kein Problem«, meinte Otto Zisch. »Das habe ich doch schon oft gesagt. - Fräulein Weck, Sie jagen mein Redemanuskript über die geistige Apokalypse im Büro durch das Kopiergerät, und ich mache den alternativen Futuristen die gewünschte Angst.«
»Gut«, nickte Kathrin Weck. »Laut Auftrag sollen die Zuhörer mit der Überlegung konfrontiert werden, daß Buchstaben heute nicht mehr gemalte Bilder, sondern elektronisch erzeugte Pünktchen sind, die unbegreiflichen Spiralnebeln der Galaxis gleichen.«
»Kostenersatz für erste Klasse Intercity ist doch gewährleistet?« erkundigte sich Otto Zisch.
»Selbstverständlich«, sagte Fräulein Weck.
»Und die Antielektroniker zahlen ein Apartment mit Fernseh- und Btx-Gerät? Als Untergangsredner brauche ich schließlich den ständigen Kontakt mit dem Zeitgeschehen.«
»Das First-class-Hotel ist schon gebucht«, lächelte Kathrin Weck.
»Schon gebucht?« knurrte Otto Zisch und verlor für ein paar Sekunden seine guten Nerven. »Sind Sie denn wirklich sicher, daß wir das Manuskript bis nächste Woche fertig haben? Bedenken Sie: Neunzig Minuten Redezeit! Mit bestellten Sondereinschüben! Das ist ein zeitraubendes Projekt!«
»Keine Sorge, Herr Zisch,« sagte Fräulein Weck beruhigend. »Ich schaffe es auch diesmal. Seit Sie professionell und überregional gegen das Computerzeitalter wettern, stehen wir doch ständig unter Termindruck. Auch das neue Referat zur elektronischen Katastrophe wird rechtzeitig in Ihrem Zahlenschloßkoffer liegen. Auf mich und meine Bildschirmschreibmaschine können Sie sich eben immer verlassen.«

Ein Verkaufsgenie

»Mutti, warum jubeln die Leute eigentlich dem Papi zu?« – »Na, er kommt doch von der Geschäftstour zurück und hat eine Menge Mikros verkauft. Das ist für die ganze Firma ein Grund zum Feiern.«

Aus »Illustrierte Geschichte des Altertums« von 1880, neu getextet von Erich Pawlu

Nachdem Margot Schönle mit großem Wissen und einem gewissen Lächeln innerhalb einer Woche acht Personal Computer an den Mann gebracht hatte, wurde sie von Herrn Windisch, unserem Chef, zum Verkaufsgenie erklärt, und mit allen PR-Freiheiten ausgestattet. Fräulein Schönle postierte sich sofort an einem Business-desk in der Nähe des Eingangs unter einem Werbeplakat mit der Aufschrift »Unsere Computer erfüllen alle Ihre Wünsche«. Dazu inszenierte Margot Schönle ihr gewisses Lächeln. Schon nach einer Stunde erschien ein Heilpraktiker, attestierte Fräulein Schönle unaufgefordert eine vitale Konstitution und trug seine Computerwünsche vor. Er verlangte nach einem Mikro, der ihm die mühevolle Diagnostizierung unterschiedlichster Leiden abnehmen sollte. Dem Mann konnte geholfen werden. Margot Schönle telefonierte mit unserem Softwarespezialisten und präsentierte dem Heilpraktiker ein maßgeschneidertes System, das nach Eingabe von Krankheitssymptomen nicht nur den pathologischen Befund, sondern auch das anzuwendende Heilmittel anzeigte. Der Kunde kaufte den Computer mit einem strahlenden Lächeln, als hätten wir ihm ein Geschenk gemacht.

Fräulein Schönle genoß zu diesem Zeitpunkt in der Firma einen Respekt, wie ihn im Verlauf der Menschheitsgeschichte vielleicht nur noch die Jungfrau von Orleans erreicht hat. Und die Erfolgssträhne unseres Verkaufsgenies riß nicht ab.

Der Inhaber eines Instituts zur diskreten Eheanbahnung wandte sich, angelockt von der Verheißung des Werbeslogans, vertrauensvoll an Fräulein Schönle und verlangte nach einem geeigneten Mikro. Die persönlichen Daten und die Körpermaße der heiratswilligen Damen und Herren sollten selbstverständlich auf Diskette gespeichert werden können. Darüber hinaus erwartete der vornehm sprechende Institutsleiter vom Computer aber auch die Fähigkeit, schwer erfaßbare psychische Eigenheiten der Kandidaten zu definieren und zu konservieren.

Fräulein Schönle wußte Rat. Durch Beobachtung ihrer eigenen, sehr differenzierten Seele entwarf sie ein Register mit 180 menschlichen Mentalitätsmustern, entwickelte einen entsprechenden Code und analysierte zur Probe die psychische Grundstimmung des Eheanbahners. Der Monitor beschrieb den Charakter des Kunden mit Eigenschaftswörtern, die auch auf einen Heiligen zugetroffen hätten. Als der Mann in bernsteinfarbener Schrift las, daß er vor allem

dem Glück der Mitmenschen diene, kaufte er den Computer mit dem gesamten Peripheriegerät und zahlte in bar und heller Freude.
Margot Schönles Lächeln erreichte jene Intensität, mit der eine Miss World nach ihrer Wahl die Fotoreporter verwirrt. Das wirkte. Offenbar überwanden jetzt auch verklemmtere Kunden ihre Scheu und vertrauten Fräulein Schönle ihre geheimsten Wünsche an. Jedenfalls betrat ein unscheinbarer Mann das Geschäft und umkreiste unter Wahrung eines Sicherheitsabstandes unser Verkaufsgenie. Als das gewisse Lächeln in Fräulein Schönles Antlitz trotzdem stabil blieb, schwenkte der graue Mann auf Angriff um und stürmte auf das Business-desk zu.
Er heiße, sagte der Kunde, zwar Fridolin Heu, sei aber Unternehmer in der Computerbranche, wo er, da er von Natur aus ein scheues Wesen besitze, trotz bester Hardware nur kleine Umsätze einfahre. Er brauche unbedingt ein Verkaufsgenie. Fräulein Schönle, inzwischen im Umgang mit Interessenten erfahren, unterzog Fridolin Heu sofort einer elektronisch gesteuerten Testreihe. Mit Hilfe des Heilpraktikersystems erforschte sie die physische Belastbarkeit des unscheinbaren Herrn, und dessen psychische Eigenschaften ermittelte sie mit der Eheanbahnungs-Software. Das Ergebnis muß Fridolin Heu als einen äußerst begehrenswerten, wenn auch unscheinbaren Menschen ausgewiesen haben.
Denn Margot Schönle rollte noch am gleichen Tag ihr Werbeplakat ein und ließ sich von Fridolin Heu an der Hand aus dem Geschäft führen. Kürzlich luden uns die beiden schriftlich zu ihrer Hochzeit ein. Wir sind uns einig, daß wir das gewisse Lächeln der Braut Margot Schönle nicht sehen wollen. Für uns wäre der Anblick zum Heulen. Denn mittlerweile ist unser Absatz an Computern stark zurückgegangen.

Elektronischer Durchbruch

Schrieb Reiner Mucks mit Seele ein Gedicht,
so war's den Rezensenten viel zu schlicht.
Sie sagten als moderner Autor müsse
er wissen, wie die Muse heute küsse.

Da tippte unser Autor sein Poem
ins neue elektronische System,
ließ seine Jamben übern Bildschirm zucken
und dann von Typenradmaschinen drucken.

Doch die Kritik blieb weiter äußerst hart
und forderte mehr Kunst der Gegenwart.
Und Mucks, geplagt von Zweifeln am Talente,
erlebte seine finsteren Momente.

Er warf mit seiner freien Dichterhand
die lyrische Diskette an die Wand.
Am nächsten Tag erkannte er die Lieder
beim reuevollen Bildschirmtest kaum wieder.

Doch schickte er, gedruckt per Typenrad,
den Redakteuren seinen Textsalat.
Und jetzt schrieb die Kritik: Wir sagen gerne,
Herr Mucks durchbrach die Mauer zur Moderne.

Ein Ei im Computer

»O Wissenschaften, o Mikroprozessor, es ist eine Lust zu leben!« dachte ich, als ich erstmals am Terminal der Firma Zischke mein Feingefühl für Computer zur Geltung brachte. Rainer Zischke, der Inhaber der bekannten Filzpantoffelwerke, begegnete mir, seinem Programmierer, anfangs allerdings mit mäßigem Respekt. Mein Ansehen wuchs erst, als ich einen Steuerfahnder mit meinen Bildschirm-Outputs so verwirrte, daß er vergaß, mich über Zischkes Buchungspraktiken zu befragen. Statt dessen vertrieben wir uns die Zeit mit dem Computerspiel »Wer fängt das Hawaii-Mädchen«. Ich ließ ihn gewinnen.

Als Herr der fügsamen Software hätte ich schon damals ein zufriedenes Leben führen können. Aber das dialogfähige System speicherte auch Gehaltsvergleiche. Zischkes Computer überzeugte mich, daß mich Zischke zu schlecht bezahlte. Ich wurde aufsässig und setzte mich zweimal durch. Aber meine dritte Forderung nach Gehaltserhöhung innerhalb von zwei Wochen machte Zischke wütend und mich arbeitslos.

Ich ging schnurstracks zur Konkurrenz. Beim Einstellungsgespräch behandelte mich Emil Ranzel mit einer Kälte, als hätte ich in seiner Frau ein außereheliches Feuer entzündet. Offenbar machte er mich dafür verantwortlich, daß der Zischke-Filzpantoffel dem Ranzel-Filzhausschuh oftmals den Sprung in neue Märkte erschwert hatte.

Aber ich präsentierte mich eindrucksvoll. »Darf ich zeigen, was ich kann?« fragte ich, setzte mich an Ranzels Betriebscomputer und ließ die Finger über die Tastatur tanzen. Per Telefonnetz schlich ich mich mühelos in Zischkes Datenspeicher ein und zauberte die Geheimnisse einer bundesdeutschen Filzpantoffelstrategie auf den Schirm. Zischkes geschäftliche Planungsideen erschienen klargetextet vor unseren Augen.

»Das ist ja phantastisch!« schwärmte Emil Ranzel. »Ist denn Zischkes Software so leicht anzuzapfen?«

»Ich habe dem Geizhals natürlich ein Ei ins elektronische Nest gelegt«, sagte ich. »Schließlich habe ich nicht nur die Programme, sondern auch die Paßwörter entwickelt – Ich koste übrigens fünfeinhalbtausend. Pro Monat. Für den Anfang.«

Emil Ranzel rang nach Atem, behielt aber die Fassung und mich. Ich enttäusche seine Erwartungen nicht. Tag für Tag verjage ich den Zischke-Pantoffel aus ein paar Schuhgeschäften. Der Ranzel-Hausschuh plustert sich in den Regalen.

Mein Image bleibt allerdings zwiespältig. Ranzels Sekretärinnen starren mich über ihre redlichen Schreibmaschinen hinweg finster an, als bezöge ich die Erfolgsdaten nicht aus dem Computer, sondern von Mephisto. Die Kolleginnen rechnen zwar gern mit höheren Umsätzen, aber ungern mit einem Brief des Staatsanwalts. Sie halten mich für einen EDV-Dieb und verstehen nicht, daß ich keine fremde bewegliche Sache, sondern nur meine bei Zischke eingespeicherte Intelligenz transferiere. Das Sammeln und Horten von Gedanken ist nicht einmal in unserem verbotsreichen Land strafbar.

Emil Ranzel meidet aus anderen Gründen meine Nähe. Einmal pro Woche trete ich ihm in den Weg und fordere Zulage. Da wird er blaß und nimmt das Aussehen eines Märtyrers an. Sachlich führe ich ihn an den Computer und zeige ihm mit Zahlenkolonnen und Grafiken, in welchen Gegenden Deutschlands sein Hausschuh gerade Fuß gefaßt hat. Dann erhöht der Chef mein Gehalt. Ich strahle und Ranzel schweigt. Es gibt auch nichts zu erörtern. Selbstverständlich weiß Emil Ranzel, daß ich auch in sein System längst ein elektronisches Ei gelegt habe, das sich sogar aus weiter Ferne leicht vergolden ließe.

Neue Kommunikation

»Dauernd verlangst du nach Kommunikation, Emmi! Habe ich uns nicht an Teletex, Telefax und Btx angeschlossen? Und jetzt willst du auch noch mit Gesprächen unterhalten sein!«

Aus »Die Gartenlaube« von 1898, neu getextet von Erich Pawlu

Als Grete Krill schon eine Woche lang vor dem Fernsehgerät gesessen hatte, fand sie allmählich die Werbung, die Tagesschau und sogar den Freitagskrimi albern. Zwar inspirierten sie die Programme zum ständigen Stricken, so daß sie selbst, ihr Mann und Teile ihrer verzweigten Verwandtschaft bereits in selbsterzeugten Strümpfen, Handschuhen und Mützen steckten. Aber Grete Krill wurde von TV-Psychologen auch darüber aufgeklärt, daß die Gespräche zwischen Ehepartnern von großer Bedeutung für die Sicherung familiären Glücks seien.

Frau Krill hatte nicht die Absicht, das Beispiel der mittelalterlichen Schweigemönche nachzuahmen und den Gesprächskontakt mit ihrer Umwelt völlig abzubrechen. Deshalb faßte sie den Entschluß, Maßnahmen zur Wiederbelebung der lebensnotwendigen Kommunikation mit ihrem Mann einzuleiten. »Otto!« rief sie ins Nebenzimmer hinüber. »Ich will mit dir reden. Reden ist wichtig für die Seele.«

Aber Otto Krill saß ebenfalls vor einem Bildschirm. Er fütterte gerade seinen Heimcomputer mit Daten zur Einkommenssteuererklärung. »Schweigen ist Gold!« rief Herr Krill seiner Frau zerstreut zu. »Das Finanzamt belohnt nicht unser Reden, sondern meine stumme Emsigkeit mit einer Steuerrückzahlung!«

So kam es, daß Grete während des folgenden Wochenendes in inselhafter Einsamkeit noch zwei Shows, einen uralten Western und mehrere Diskussionsrunden durchstehen mußte. Obwohl sie dabei einen Winterpullover und sechs Pulswärmer strickte, mangelte es ihr an Empfindungen des Glücks. Und als ihr der Liebesfilm am Sonntagnachmittag zeigte, zu welchen Zärtlichkeiten der Mensch befähigt ist, begann Grete Krill herzzerreißend zu schluchzen.

Da erschien Herr Krill verstört im Wohnzimmer, trocknete Gretes Tränen und holte zu einem umfassenden Informationsschlag aus. Otto wollte erklären, weshalb er seit Tagen ausschließlich in den antwortenden Monitor seines Heimcomputers und nicht in die fragenden Augen seiner Frau blickte.

»Ich befinde mich«, sagte er in Anlehnung an die Ausführungen seines Computerhandbuchs, »inmitten einer großen technischen Revolution. Daß ich mir die Fähigkeit angeeignet habe, dem Finanzamt auf elektronischem Wege meine Einkünfte, Sonderbelastungen und Werbungskosten mitzuteilen, ist für mich der endgültige Sprung in die moderne Kommunikationsgesellschaft.«

Grete seufzte. »Aber du könntest doch reden, während du ins neue Zeitalter springst. Für mich hast du kein Wort mehr übrig.«
»Worte sind ein sekundäres Kommunikationsmittel«, dozierte Otto. »Vor rund zwei Millionen Jahren verständigten sich die Menschen allein mit Gestik, Mimik und Urlauten. Dabei waren sie durchaus glücklich. In der Steinzeit griffen die kommunikationswilligen Vorfahren zu Rauch und Feuerzeichen. Oder sie übermittelten ihre Botschaften mit Geräuschen aus Holzinstrumenten. Buschtrommeln gewannen große Bedeutung.«
»Das wäre ja immerhin schon etwas«, meinte Grete.
»Siehst du«, sagte Otto eifrig. »Auf diese Grundlagen der Kommunikation sollten wir im Zeitalter der Elektronik schleunigst zurückgreifen.«
»Auf Rauchzeichen?« fragte Grete Krill.
»Wie du weißt, habe ich das Rauchen aufgegeben«, sagte Otto Krill. »Aber während du vor dem Fernsehgerät strickst und ich am Heimcomputer dem Finanzamt Geld abringe, brauchen wir nicht isoliert zu sein. Die Kommunikationsmöglichkeiten zwischen liebenden Menschen sind noch lange nicht ausgeschöpft.«
Durch ständige Übung brachten es Grete und Otto Krill in der nonverbalen Kommunikation zu einer erstaunlichen Fertigkeit. Wenn sich zwischen TV-Werbung und Tagesschau eine sekundenlange Pause einschlich, klapperte Grete vernehmlich mit den Stricknadeln. Dieses akustische Signal nach Art von liebenden Frauen der Eisenzeit beantwortete Otto Krill mit der Kommunikationstechnik des Urmenschen, indem er inmitten der Abspeicherung seiner Aufwendungen für nichtselbständige Tätigkeit einen melodischen Schrei aus dem Nebenraum ins Wohnzimmer schickte.
Grete Krill verstand die akustische Botschaft der Werbung. Da bewegten sich ihre Stricknadeln emsiger in ihren glücklichen Händen. Die nachfolgenden Informationssendungen zu den Themen »Der Sieg der Elektronik im Haushalt« und »Mehr Kontakt im Computerzeitalter« verfolgte sie mit wachsender Wonne. Der Meinung des Moderators, daß die neuen Techniken innige mitmenschliche Verbindungen ermöglichten, stimmte Grete Krill aus tiefster Überzeugung zu.

Ein Reklamegag

»Gleich kommt der Steuerfahnder, Fräulein Emmi. Bitte verwirren Sie ihn genauso wie mich. Aber nicht mit Ihrer Persönlichkeit, sondern mit Ihrem Personal Computer!«

Aus »Fliegende Blätter« von 1910, neu getextet von Erich Pawlu

»Für die Eröffnung meines Computer-Centers brauche ich einen außergewöhnlichen Reklamegag«, sagte Frank Kümmel. »Ihre Idee, ein Mädchen vom städtischen Ballett über eine riesige Diskette steppen zu lassen, ist zu simpel.« Arnold Ziemt, der PR-Manager, zuckte zusammen. »Aber die junge Dame ist ein toller Blickfang«, meinte er. »Ich brauche keine Blicke, sondern Käufer«, sagte Frank Kümmel trocken. Von diesem Augenblick an geisterten die wildesten Phantasien durch das Gehirn Arnold Ziemts. Er erwog, Boris Becker zu engagieren, damit der Star Softbälle gegen eine riesige Wand in Form einer Softwarediskette schlüge. Nicht übel fand der PR-Manager auch die Idee, Franz Beckenbauer im Wettstreit mit den Ehrengästen auf eine Torwand schießen und Sektgläser leeren zu lassen. Auch eine dritte PR-Vision war kühn: Oberinspektor Derrick sollte, erzengelartig verkleidet, in einem Hubschrauber mitten unter den Eröffnungsgästen landen und ein Transparent mit der Botschaft »Direkt vom Himmel: Computer von Kümmel« mitbringen.

Aber nun erschrak Frank Kümmel vor der Kostenlast, die ihm seine neugegründete PR-Abteilung zumutete. Der Firmenchef gewann den Eindruck, daß sein Werbefachmann den Anforderungen der Stunde nicht gewachsen sei. Deshalb übernahm Kümmel selbst die Initiative.

Die Eröffnung des Computer-Centers verlief daraufhin exakt nach dem vielfach bewährten Ritual: Vor einer stattlichen Schar geschenkhungriger Festgäste würdigte zunächst der Bürgermeister den unternehmerischen Mut Frank Kümmels. Dann schloß sich die halbstündige Rede eines unbekannten Politikers an, der einen bekannten Minister vertrat. In dieser Ansprache wurde die grundsätzliche Konjunktursituation ermüdend, aber scharf analysiert, was abermals in ein Lob für die Kümmel-Aktivitäten einmündete. Mehrere Vertreter örtlicher Interessengruppen fühlten sich aufgerufen, mit ausführlichen Statements den Ansichten des am Erscheinen verhinderten Ministers entgegenzutreten. Vorübergehend zerfiel die Festversammlung in zwei feindselige Gruppierungen. Erst der optische Reiz des »Kalten Büfetts« machte alle anwesenden Menschen wieder zu Brüdern, zumal für ausreichende Mengen an Lachsersatz und deutschem Kaviar gesorgt war. Allerdings zerstreute sich das Publikum zusammen mit dem Ministerersatz sofort nach der Verteilung kostenloser Error-free-Disketten in alle Himmelsrichtungen. Am frühen Nachmittag vergnügten sich nur ein paar blutjunge Freaks an abenteuerlichen Bildschirmspielen. Am späten Nachmittag ließen sich einige heimwärtsstrebende Kaffeehausbesucherinnen die Werbedisketten aushändigen und hielten das Geschenk für eine merkwürdig verpackte Schallplatte.

Da begann Arnold Ziemt zu handeln. Er holte einen Musiker herbei, der als Ein-Mann-Kapelle lokale Berühmtheit genoß. Der Mann brachte mit Hilfe seines Temperaments und seiner Verstärkeranlage Schwung in die Kümmel-Bude. Die zündenden Melodien wirkten wie Lockrufe, so daß sich die Schar der Besucher sprunghaft vergrößerte. PR-Manager Ziemt sorgte mit ausreichenden Sektmengen für die Förderung der Stimmung.

Als es dämmerte, begannen einige Paare zu tanzen. In diesem Augenblick telefonierte Arnold Ziemt mit den Städtischen Bühnen. Die Primaballerina erschien und erwies sich nicht nur als Blickfang, sondern auch als nimmermüde Tanzpartnerin. Daraufhin erhöhte sich die Zahl der männlichen Computerinteressenten auf geheimnisvolle Weise. Wer in den Genuß kommen wollte, mit der Primaballerina einen Standardtanz zu gestalten, mußte sich Platzziffern aushändigen lassen. So ergaben sich lange Wartezeiten, die oftmals für Einblicke in das Wesen des Mikrocomputers genutzt wurden. Frank Kümmel strahlte wie ein Quizmaster, der sein Publikum zugleich unterhält und belehrt. Seitdem lädt das Computer-Center jeden Freitag zum Tanz mit der Primaballerina. Die Konkurrenz, die Gema und die Gewerbeaufsicht verwickeln den Unternehmer zwar in langwierige Prozesse. Aber viele Kümmel-Kunden, denen ein Tanz mit der Primaballerina den Zugang zur wunderreichen Welt der Elektronik öffnete, glauben inzwischen fest an den tiefen Sinn des Werbeslogans: »Direkt vom Himmel: Computer von Kümmel.«

Kunst aus dem PC

Mit der Rollenverteilung hatten wir bisher keine Schwierigkeiten. Durch einen knappen Hinweis auf meine künstlerischen Verpflichtungen entzog ich mich dem Abwasch und den Mühen des Einkaufens. Claudia übernahm zumeist widerspruchslos die niederen Dienste in unserem Haushalt.

Ich bin Maler. Tagsüber dient mir das Schlafzimmer unseres Zweieinhalb-Zimmer Apartments als Atelier. Gegenwärtig befinde ich mich in meiner violetten Phase. Ich male violette Kreise auf teure Leinwände. »Mit meinen Bildern erschließe ich mir den Kosmos«, erläuterte ich Claudia, wenn ich meine Ölgemälde mit schiefgelegtem Kopf verzückt betrachtete.

Claudia nickte verhalten. Vermutlich dachte sie, daß ich anstelle des Weltalls lieber den Kunstmarkt erobern und endlich einmal ein Bild verkaufen sollte.

»Ich male nicht für das vulgäre Volk«, sagte ich abweisend und konstruierte einen neuen violetten Kreis, während Claudia mit dem Staubwedel die Spinnen verscheuchte, die aus den Zimmerecken mein Schaffen geduldig verfolgten. Es waren – außer Claudia – die einzigen Lebewesen, die sich der Wucht meiner Bilder gewachsen zeigten. Bei schüchternen Versuchen, Nachbarn in unsere Wohnung zu locken, und sie mit meinen Werken zu konfrontieren, hatte ich nur Kopfschütteln, überhastete Fluchtbewegungen und

»Als Studenten der Akademie malt ihr ab sofort nur noch Comics. Da seid ihr den Grafikcomputern noch eine Zeitlang überlegen.«

Aus »Illustrierte Weltgeschichte« von 1882, neu getextet von Erich Pawlu

Beschimpfungen ausgelöst.

Claudia ist eine höfliche Partnerin. Aber als sie eines Tages einen Personal Computer neben meiner Staffelei auf die Spiegelkommode stellte, schwang in ihren Erklärungen doch ein deutlicher Vorwurf mit.

»Ohne Geld können wir nicht leben«, sagte sie.

»Mein Durchbruch steht unmittelbar bevor«, gab ich zu bedenken. »Im nächsten Monat präsentiere ich meine Arbeiten einer Jury.«

»Aber bis dir der Große Stadtpreis zugesprochen wird«, meinte Claudia, »will ich mit dem PC Heimarbeiten erledigen.«

Beim Anblick des Computers versank meine Künstlerseele in einem Meer von düsteren Farben. Nur die wachsenden Einnahmen Claudias steigerten meine Toleranz gegenüber der unbegreiflichen Maschine. Von nun an arbeiteten wir meist zusammen. Ich diente der zeitlosen Kunst, Claudia ließ sich ihre vergängliche Arbeit am Computer vergüten. Während ich auf der Leinwand einen violetten Kreis zu magischem Leben erweckte, schaffte Claudia mit PC und Drucker eine ganze Menge höchst banaler Serienbriefe. Immerhin blieb mein geistiger Führungsanspruch unangefochten.

Als Claudia den Auftrag erhielt, Firmenbilanzen in Grafiken zu transportieren, und auf Spezialpapier auszudrucken, erreichte unser Zusammenleben neue Qualität. Plötzlich betrachtete Claudia die farbigen Computergrafiken mit schiefgelegtem Kopf und kommentierte sie mit Hilfe einer gleichsam künstlerischen Ausdrucksweise.
»Meinst du nicht auch«, fragte sie, »daß die Exportsäulen in einem kräftigeren Rot ausgedruckt werden müßten? Immerhin ist Rot die Symbolfarbe der Vitalität. Und der steigende Export macht meine Firma quicklebendig. Ich brauche eine bessere Software.«
Zwischen uns beiden entspann sich ein erbitterter Rivalitätskampf. Ich produzierte bis an den Rand der Erschöpfung Kreise. Claudia trieb bald eine ausgefeilte Grafiksoftware auf, zauberte Wellenlinien, Parabeln, Hyperbeln und milchstraßenartige Punktkonzentrationen auf den Bildschirm, mixte per Knopfdruck die Elemente zu immer neuen Kombinationen, legte den Kopf schief und ließ ihre Bilder ausdrucken. »Eine nette Spielerei«, sagte ich. »Aber deinen Grafiken fehlt der seelische Tiefgang.«
Als Claudia bald darauf meine Bilder ins Rathaus trug und der Jury auslieferte, war ich voller Zuversicht. Und mein Gefühl betrog mich nicht. Ich erhielt tatsächlich den Großen Stadtpreis. Karin las mir die Begründung der Jury vor: »Das prämierte Bild versteht es meisterhaft, Wellenlinien, Parabeln, Hyperbeln und milchstraßenartige Punktkonzentrationen mit seelischem Tiefgang so zu montieren, daß jeder Beschauer vom Eindruck überwältigt wird, mit einer kosmischen Ordnung konfrontiert zu sein.«
»Du hast eine Computergrafik unter meine Gemälde geschmuggelt«, fragte ich Claudia. Sie nickte.
Seitdem kümmere ich mich um den Abwasch und übernehme die Mühen des Einkaufens. Claudia bringt währenddessen unter meinem Namen Computerkunstwerke auf den Markt. Da sie vom PC zu immer neuen Grafiken inspiriert wird, gelte ich mittlerweile als äußerst produktiver Maler, der, angetrieben von einer kosmischen Farbenlust, in eine ruhmreiche Zukunft schreitet.

Mikro-Limericks

Ein Taschendieb, wohnhaft in Eick,
versnobte und trat in den Streik.
Er klaute mit Witz
von da an nur Bits.
Das sei, sagt er, gentlemanlike.

Es wollte ein Grüner in Leyden
sich prompt für den Fortschritt entscheiden.
Er trug den PC
in grünenden Klee
und ließ sich von Kühen umweiden.

Ein leichtes Geschöpfchen aus Bretten
begann eines Tages zu wetten,
daß auch die DV
nur nütze der Frau.
Jetzt tippt sie den Job per Disketten.

Ein Chef ließ im Zentrum von Leimen
am Mikro die Buchhalter träumen.
Der Firmenbankrott
zwang dann ziemlich flott
die Träumer, den Traumplatz zu räumen.

Ein geiziger Mensch aus Zwiefalten
wollt preiswerte Mikros erhalten.
Er wartete zu
und sparte im Nu,
weil Mikros mitunter veralten.

Ein Mädchen aus Hausen bei Zenge
schrieb Serienbrieftexte in Menge
und pries auf Diskettchen
ihr einsames Bettchen.
Jetzt klagt sie bei Nacht über Enge.

Ein treuloses Weibsbild aus Fischen
ließ nie sich beim Treubruch erwischen
Doch speicherte sie
die Biographie
leicht lesbar auf IBM zwischen

Ein Textprogrammierer aus Herne
(der Mann programmierte nicht gerne)
verließ seinen Platz
mit Kasse und Schatz
und bleibt der Stadt Herne jetzt ferne.

Es kaufte ein Freak in Manhattan
die wildesten Kriegsspieldisketten.
Er spielte zu oft.
Sein Geist wurde soft
und drehte am Schluß Pirouetten.

Ein Freak aus dem Einödhof Schwabel
fand Handhelds enorm praktikabel.
Da ward seine Braut
auf einmal geklaut.
Auch sie war enorm transportabel.

Ein hungriger Mann aß in Weiden
am Mikro ein Quarkbrot mit Freuden.
Da fiel ins System
ein Quarkstück. Seitdem
ist dieser Mann nicht zu beneiden.

Bekannt ist, daß unweit von Priesen
zwei Bit-Freaks ihr Leben vermiesen.
Denn jeder von ihnen
will Mikros bedienen.
Doch fehlt ihnen Bargeld zum Leasen.

Unersetzbar am Computer

Ich habe meinen Chef rechtzeitig gewarnt. Als er mich am Computerterminal plazierte, sagte ich in aller Deutlichkeit: »Herr Wickel, Sie wissen doch hoffentlich, daß ich nicht leicht zu ersetzen bin!« Emil Wickel hielt meine Bemerkung für eine Gehaltsforderung, zahlte mir eine freiwillige Zulage und ließ mich mit der EDV allein. Ich steckte daraufhin einen Kaugummi in den Mund und mein Wissen in die Software.

Innerhalb einer Woche hatte ich den Betriebscomputer so programmiert, daß er nur noch mit mir kommunizierte. Ein paar Kollegen, die den gespeicherten Daten ohne meine Hilfe näherkommen wollten, ernteten die abenteuerlichsten Outputs und flüchteten verwirrt an ihre Schreibmaschinen. Mir aber gehorchte der Computer wie ein dressiertes Schoßhündchen.

Als sich ein Steuerfahnder durch die einzelnen Abteilungen unserer Firma voranarbeitete, wurde die ganze Belegschaft von einer Art Nervenfieber erfaßt. Nur ich, meine Hard- und Software blieben kühl. Voller Konzentration hielten wir uns für beruhigende Auskünfte bereit. Tatsächlich trat der Herr von der Steuerbehörde düsteren Blicks an meinen Terminal und erbat klargetextete Informationen über Emil Wickels Auslandsgeschäfte.

Ich war dankbar für diese Herausforderung. Endlich konnte ich meine Unersetzbarkeit demonstrieren. Während mir der Chef ängstlich über die Schulter schaute, ließ ich meine Finger über die Tastatur fliegen. Auf dem Bildschirm erschienen schön geordnete Zahlenkolonnen, die meine verwickelten Speicherungspraktiken wirksam verschleierten.

»Faszinierend«, sagte der Steuerfahnder, ließ sich von immer neuen Additionen und Grafiken total überfordern und verbarg schließlich seine Informatiklücken hinter einer Small-talk-Diskussion über den schwankenden Dollarkurs.

»Faszinierend«, sagte auch mein Chef und sorgte dafür, daß ich bei der Ausarbeitung weiterer feinsinniger Programme völlig ungestört blieb.

Emil Wickels grenzenloses Vertrauen führte allerdings dazu, daß ich zunehmend vereinsamte. Eine Weile versuchte ich mir die Zeit redlich zu vertreiben, indem ich meine EDV auf den Namen Emmi taufte und ihr einen erotischen Basiswortschatz einspeiste. Aber die Dialoge machten wenig Spaß. Als Emmis Bit-Lieferant kannte ich alle Antworten schon im voraus. Ich sah mich nach Abwechslung um. Da bot mir die Konkurrenzfirma Nimischl & Zabusch eine reizvolle Aufgabe. Ich sollte eine junge Mannschaft in die Geheimnisse des Computerzeitalters einführen. Die Mannschaft bestand aus drei Damen. Tina, Lolo und Karin blickten mich schon bei meinem Einstellungsgepräch viel variantenreicher an als Emmi.

Natürlich wollte mich Herr Wickel nicht gehen lassen. Ich stellte das Ansinnen, mich wie einen unersetzbaren Fußballprofi zu bezahlen. Daraufhin verschlug es Emil Wickel die Sprache. Ich wanderte zu Nimischl & Zabusch ab.

Mein neuer Arbeitgeber verfügt zwar nur über einen bescheidenen Computer. Dennoch habe ich viel Spaß. Wenn ich mich auf elektronischem Wege in Wickels EDV einschleiche und meine zurückgelassenen Programme für Nimischl & Zabusch nutze, klatschen Tina, Lolo und Karin begeistert Beifall.

Herr Zabusch, mein neuer Chef, ist mit mir sehr zufrieden. Emil Wickel hingegen beschimpft mich als Bitnapper und droht mit dem Staatsanwalt. Da lachen sogar meine EDV-Mädchen. Auch sie wissen schon, daß mein mitgebrachtes Wissen im strafrechtlichen Sinne nicht als fremde, bewegliche Sache gilt.

Emil Wickel wird mich gewiß bald zurückholen und dann doch wie einen Star der Fußballbundesliga bezahlen. Mein früherer Chef ist ja wirklich in einer verzweifelten Situation: Immer wenn er sich ratlos an seiner EDV zu schaffen macht, erscheint auf dem Bildschirm der widerspenstige, basiserotische Text:

»EMMI IST TREU UND LÄSST SICH VON FREMDEN NICHT MISSBRAUCHEN.«

Der fromme Spekulant

Morgens, wenn ich neben Grete,
aus gesundem Schlaf erwache,
ist's für mich Gewohnheitssache,
daß ich mit dem Frühgebete,
in Kontakt zum Himmel trete,
überzeugt, daß Gott mich weckte,
um mit meinem Intellekte
abzuwickeln Geldprojekte.
Denn ich weiß: Das Erdenrund
hat schon in der Morgenstund'
allenthalben Gold im Mund.
Zielbewußt kommuniziere
ich per Telex mit diversen,
meist fernöstlich regen Börsen,
die schon Geld und Wertpapiere
fest notieren, wenn im Westen
jeder Mensch noch alle Viere
von sich streckt und sich im besten
Schlaf entspannt auf Bettzeugkästen.
Wer jedoch wie ich den Trend
früh an Japans Börsen kennt,
macht mit völlig saubrem Sinne
schon am Morgen Kursgewinne.
Wenn ich abends die Erträge,
fröhlich zahlenspielend, wäge,
ist es mir zumeist, als läge
ich mit meinem Hab und Gut
wundervoll in Gottes Hut.
Und so wird es mir und Grete
nachts beim Aktiendankgebete
in Gehirn und Herz und Blut
richtiggehend fromm zumut'.

Mikro-Marketing

»Nein, nein, Herr Abgeordneter! Mein computergesteuertes Weight-watching-System arbeitet einwandfrei. Aber vielleicht haben Sie es nicht auf Diät, sondern auf Diäten programmiert?«

Aus »Fliegende Blätter« von 1910, neu getextet von Erich Pawlu

Der Mann sah aus, als habe er bei einem Fußmarsch durch die Sahara über die Sinnlosigkeit des Lebens nachgedacht. Mit düsterem Blick wandte er sich an den Programmierer Hartmut Grob.
»Ich stehe knapp vor dem Bankrott. Das Klattke-Solarium erweist sich als unverkäuflich.«
»Sie sind der Inhaber der Firma Klattke?«
»Ja«, sagte der traurige Mensch. »Mit meinem Solarium möchte ich zwar Sonne ins Haus bringen. Aber überall schlägt mir eiskalte Ablehnung entgegen.«
»Auch ich brauche kein Solarium«, meinte Hartmut Grob.
»Aber Sie programmieren doch Computer. Und überall liest man, daß der Einsatz von Mikros auch wackelnde Firmen retten kann.«
Hartmut Grob ist erstens mitleidig und zweitens phantasiebegabt. Klattkes Bitte inspirierte ihn zu kühnen Geistesflügen.
»Gut«, sagte er. »Ich werde ein passendes System für Sie entwickeln. Im Prinzip ist die Sache höchst einfach. Wir speichern die Marktdaten, die Strukturmerkmale Ihrer Firma und die Charaktereigenschaften Ihrer Geschäftsfreunde auf Diskette und lassen den Personal Computer errechnen, weshalb ein Teil der sonnenhungrigen Menschheit Ihrem Solarium feindselig gegenübersteht.«
Klattke taute auf wie ein Wüstenwanderer bei der Sichtung einer Oase, versprach Hartmut Grob eine saftige Gewinnbeteiligung und kehrte mit neuer Hoffnung in seine konkursbedrohte Firma zurück.
Als der Programmierer die elektronisch gesteuerte Marketingstrategie für Solarien entwarf, dachte er wirklich an alles. Die Preise der Konkurrenzprodukte, die Transport- und Installationskosten für das Klattke-Produkt, die durchschnittliche Gemütsverfassung des deutschen Hausbesitzers, die Bedenken einiger bräunungsfeindlicher Mediziner, die geschäftsschädigende durchschnittliche Sonnenscheindauer, die Effizienz der von Klattke ersonnenen Werbeslogans, die Vorurteile des Mitteleuropäers gegenüber dunkel getönten Mitmenschen und die Leitbildwirkung ständig gebräunter Politiker wurden codiert in den Computer eingegeben. Nun mußte dieses Faktenpaket nur noch mit den Mentalitätsdaten des potentiellen Käufers angereichert werden, und schon erschienen auf dem Bildschirm Ratschläge zur Entwicklung einer individuellen Verkaufsstrategie.
Als der Personal Computer samt kostspieliger Software angeliefert wurde, kratzte Kuno Klattke sein letztes Geld zusammen, zahlte und strahlte. Sofort unterzog er das System einem Test. Er codierte die allgemeine Marktsituation, verriet dem Mikro die Charaktereigenschaften

seiner Frau und stellte die Frage, mit welcher Strategie seiner Gattin ein perfektes Solarium verkauft werden könne. Die Antwort auf dem Monitor lautete: »Kundin im privaten Bereich umwerben. Interessentin hungert nach Romantik und Liebe!«

Das überzeugte Klattke von der Intelligenz des Systems. Allerdings verzichtete er darauf, den Aufforderungen des Computers Folge zu leisten. Aber er lobte den Erfindungsgeist des Programmierers derart enthusiastisch, daß sich Hartmut Grob geschmeichelt herbeiließ, mit dem beinahe bankrotten Unternehmer ein freundschaftliches Geplauder zu führen, das auch die private Sphäre einschloß.

So spionierte Kuno Klattke unter Umgehung des Datenschutzes alle codifizierbaren Gemüts- und Charakterkennzeichen des Programmierers aus, speicherte sie flugs in das System ein und entwickelte eine maßgeschneiderte Marketingstrategie. Am nächsten Morgen suchte der den Softwareexperten auf, verwickelte ihn in ein Verkaufsgespräch und hatte ihm noch vor dem Mittagessen ein Luxussolarium verkauft. Am nächsten Tag ließ sich Klattke die Tante, am übernächsten Tag die Schwiegermutter Hartmut Grobs vorstellen und drehte ihnen kostspielige Solarien an.

Der Programmierer sah den Tag kommen, an dem alle seine Verwandten und Bekannten in Klattke-Solarien dahinbräunten. Daraufhin entschloß er sich, Teilhaber Klattkes zu werden. Die Lust am Marketing anderer Produkte war ihm ohnehin vergangen. Als sich sein Erfolg herumgesprochen hatte, war ein nahezu bankrotter Tierhändler mit der Bitte erschienen, eine elektronische Strategie zur Absatzsteigerung von weißen Mäusen zu ersinnen. Der erfolgsgewohnte Hartmut Grob sah voraus, daß ihm die munteren Nager mit Hilfe seines eigenen DV-Marketingsystems bald dutzendweise verhökert werden würden. Da stieg er schon lieber bei Kuno Klattke ein, gab dessen Frau die ersehnte Romantik und der Firma neuen Schwung.

Ein harmonisches Fest

»Weißt du, Hans-Otto geht immer mit der Zeit. Zu Weihnachten schenkt er mir bestimmt den passenden Computer für diese neue Festplatte.«

Aus »Bilder-Atlas« von 1882, neu getextet von Erich Pawlu

»Weihnachten«, dachte Henning Nimischl, »ist für mich eine feierliche Sache. Und das soll es auch bleiben, trotz aller zeitbedingten Veränderungen.«
Er hatte eine echte Weißtanne gekauft, echte Kerzen aufgesteckt und Eva eingeladen. Schließlich wirkt Feierlichkeit viel besser, wenn man einen Zuschauer hat. Henning Nimischl war Buchhalter, Eva war Buchhalterin. Die beiden verstanden sich dennoch hervorragend. Nur Feierlichkeit war nicht Evas Stärke.
Henning Nimischl hatte die Kerzen noch nicht angezündet, als Eva bereits läutete. Sie legte ein stattliches Paket unter den Tannenbaum. »Wollen wir gleich auspacken?« fragte sie.
Henning Nimischl strafte seine Freundin mit einem strengen Blick. »Zuerst wird gesungen«, sagte er.
Eva räusperte sich bereitwillig und stellte sich auf die Mitwirkung bei einem längeren musikalischen Programm ein. Glücklicherweise zeigte sich, daß sich die Strapazen der vorweihnachtlichen Wochen auf Hennings Stimmbänder geschlagen hatten. Deshalb drangen aus Hennings Brust und Kehlkopf zwar einkehrwillige, aber sehr heisere Töne. Das musikalische Programm mußte notgedrungen mit Hilfe eines Kassettenrecorders bestritten werden.
Eva lächelte vor sich hin. Henning Nimischl fragte sich im stillen, ob ein solches Lächeln zur weihnachtlichen Friedfertigkeit paßte. Die jauchzenden Knabenchöre auf dem Tonträger konnten übrigens nicht verhindern, daß sich Henning vor allem eines fragte: Was für ein Geschenk steckte in dem großen Karton unter dem Christbaum?
Seine Neugierde wuchs mit jedem Weihnachtslied. Zwischen »O Tannenbaum« und »Ihr Kinderlein, kommet!« entlud sich die Spannung in Hennings ebenso plötzlicher wie plumper Aufforderung: »So, und jetzt packen wir die Geschenke aus.«
Eva lächelte wieder mit der hintergründigen Güte eines weihnachtlichen Engels. Henning Nimischl schnürte nervös an der Verpackung. Und als er Tesafilm, Schnüre und tannenzweigbedrucktes Papier gelöst hatte, zeigte er sich doch noch bis ins tiefste Innere überwältigt: »Ein Computer!« stammelte er. »Ein richtiger Mikro. Eva, du bist ein Engel.« »Mit Buchhalter-Software«, lächelte Eva.
Henning ließ den Knabenchor »Leise rieselt der Schnee« singen und koppelte dabei ziemlich sachlich die Peripherie an den Mikro. Ein Blick ins Handbuch, ein Griff zur Diskette, ein Tastendruck, und das Buchhalter-Menü erschien auf dem Monitor. Es faszinierte Henning Nimischl, wie der Glanz von echten Weihnachtskerzen.

Er probierte weiter und hatte einige Schwierigkeiten, so daß sich seine Stirn umwölkte. Eva, von weihnachtlicher Sanftmut erfüllt, kam ihm zu Hilfe. »Wir müssen das Gerät mit konkreten Zahlen füttern«, meinte sie. »Dann erst können wir uns ein Bild von seiner Leistungsfähigkeit machen.«

Henning holte die Firmenunterlagen und speiste eifrig Daten ein. Eva saß eng neben ihm und nickte bei jedem Tastendruck, als sänge sie mit Henning einträchtig ein Weihnachtslied. Allmählich bauten die Chips im milden Kerzenlicht ein intimes Firmenporträt auf, das nicht für das Scheinwerferlicht der Öffentlichkeit bestimmt war.

»So schlimm steht es um deine Firma«? fragte Eva mit weihnachtlicher Anteilnahme.

»Ja leider«, sagte Henning Nimischl. »Aber so schlimm muß es nicht bleiben.«

Und nun entwickelten Henning und Eva in der weihnachtlichen Stille eines Zweieinhalb-Zimmer-Apartments per Computer Strategien zur Sanierung der Firmenbilanz. Der Knabenchor auf der Kassette hatte längst aufgehört, sich um Verbreitung einer festlichen Stimmung zu bemühen. Er war auch wirklich überflüssig. In wahrhaft brüderlichem Geiste und in aller Stille griffen die beiden Computer-Freaks Hennings Chef unter die Arme. Sie meditierten über computergestützten Programmen zur Schuldenabtragung, erstellten Planspiele zur Verringerung der Steuerlast und steckten schließlich den Mikro mit ihrem weihnachtlichen Optimismus an. Eine elektronische Prognose zur Firmenentwicklung im nächsten Jahr fiel so günstig aus, daß Henning seine geschädigten Stimmbänder vergaß und aufjauchzte, als bestreite er die Aufnahmeprüfung in einen Knabenchor.

»Aber«, sagte Eva gegen Mitternacht, »ein richtiger Weihnachtsabend war das nicht.«

Henning Nimischl ließ sich seine gute Stimmung nicht verderben. Mit der Freundlichkeit, wie sie Hirtenknaben in Laienspielen an den Tag legen, verkündete er: »Wenn es mir gelingt, meine Firma mit Hilfe deines Computers über den Berg zu bringen, dann feiern wir nächstes Jahr Weihnachten völlig technologiefern.«

Ein Aufstieg in den Keller

Im sechsten Stock unseres Firmengebäudes begann ich meine Laufbahn mit dem professionellen Addieren von Zahlenkolonnen. Damals trieben mir die Anstrengungen des Kopfrechnens das Blut in Stirn und Wangen. Als besondere Belastung für meine Nerven erwies sich Fräulein Lunert. Am Nebenschreibtisch erledigte sie einen Teil der abwechslungsreichen Geschäftskorrespondenz und trällerte beständig vor sich hin.

Aber ich bin ein anpassungsfähiger Mensch. Allmählich fand ich, wenn Karin Lunert besonders hübsch gekämmt und gekleidet war, sogar Freude an meiner Aufgabe. Gelegentlich summte ich, die Terz zur jeweils geträllerten Tonlage der Kollegin suchend, mein »Sechs gemerkt« und »Drei im Sinn« gedankenverloren vor mich hin. Wir waren nicht weit von einer harmonischen Arbeitsatmosphäre entfernt.

Doch da brach die Epoche der elektronischen Rechner an. Plötzlich galt meine Begabung fürs Kopfrechnen als lächerlich, antiquiert und stumpfsinnig. Durch eine Gehaltserhöhung motiviert, stieg ich willig auf eine Rechenmaschine im dritten Stock um. Karin überwand unsere Trennung offenbar weniger glatt. Sie heiratete den Abteilungsleiter der sechsten Etage und stellte gleichzeitig ihr Geträller ein.

»Sie sind ein technisch begabter Mensch«, sagte der Chef, während er mir über die Schultern blickte und staunte, mit welcher Sicherheit ich die verwirrendsten Zahlenkombinationen durch den Rechner jagte. Meiner datentechnischen Flexibilität war es mit zu verdanken, daß sich die Firma eine eigene EDV-Anlage anschaffte. Der Computer wurde im Keller installiert. Der Chef erläuterte mir die neuerliche Gehaltserhöhung und führte mich persönlich zum einzigen, aber hochangesehenen Arbeitsplatz im Tiefgeschoß. »Das ist es, was Sie brauchen«, meinte er.

Ich will ja nicht widersprechen. Der Computer, im Land der aufgehenden Sonne hergestellt, löst in meinem fensterlosen Verlies willig alle Buchhaltungsprobleme. Der Bewegung seiner Speicherbänder und seinem munteren Lichterspiel mangelt es auch nicht an optischem Reiz.

Vielleicht hängt es mit meiner Einsamkeit zusammen, daß ich gegen den Computer immer stärkere Aggressionen entwickle. Manchmal ärgere ich ihn mit meinen persönlichen Anliegen. »Wen liebt Karin wirklich?« speise ich in das Elektronengehirn ein. Da summt es ratlos in der Anlage, Warnsignale blinken auf, und prompt erscheint auf dem Bildschirm der tadelnde Klartext: »Change the question please!« Als technisch versierter Mensch weiß ich natürlich, daß es in meinem Keller keine Antworten auf wesentliche Fragen gibt. Seufzend füttere ich den arbeitswütigen Computer mit nüchternen Rechenaufgaben, die er versteht. Aber nach jedem Output träume ich mich zurück in den luftigen sechsten Stock, wo ich einst bei Ärger und Geträller beinahe erfahren hätte, was Leben ist.

Das Leben im Computer

»Hört auf mit der Protestgrunzerei. Natürlich bin ich Tierfreund. Aber als Programmierer brauche ich Aufträge. Und dieses Computerprogramm entwickle ich nun mal für die Wurstfabrik Schweinex.«

Aus »Fliegende Blätter« von 1902, neu getextet von Erich Pawlu

Henning Kartuschl fühlte sich wie ein Missionar, der Lehren aus Silicon Valley zu verkünden und dabei manche Anfeindung hinzunehmen hat.
Als Computerexperte eilte er von Stadt zu Stadt und versorgte das staunende Volk auch in abgelegenen Teilen des Landes mit Nachrichten zur stürmischen Entwicklung der Elektronik. Denn Henning Kartuschl verfügt über die Fähigkeit, seine Hand an den Pulsschlag der Zeit zu legen. Leider mußte er erfahren, daß mancher Zuhörer dem Pulsschlag eines Säugetieres mehr Aufmerksamkeit geschenkt hätte.
Sobald Kartuschl im Anschluß an seine Referate einen seicht dahinplätschernden Dialog herbeizuführen versuchte, öffnete er einem wildströmenden Fluß von ausufernden Beschimpfungen den Weg. Insbesondere naturverbundene Gesprächspartner äußerten mit gerunzelter Stirn schwere Bedenken gegen den Vormarsch des Computers. »Der Siegeszug der Elektronik«, meinten sie, »setzt dem Zusammenleben von Mensch und Tier ein Ende. Trotz höchster Anpassungsbereitschaft verlieren Stubenfliege, Ohrwurm und Silberfischchen ihren angestammten Lebensraum im Wohnzimmer und Büro. Das ist ein zu hoher Preis für den Fortschritt.«
Brausender Beifall lieferte den Beweis, daß Henning Kartuschl in den Augen seiner Zuhörer die Rolle eines kleintiervertilgenden Mephistopheles übernommen hatte. Sein Argument, daß der Kanarienvogel, der Hamster und das Meerschwein in einer gewissen Distanz vom Home- und Personal Computer durchaus ein anheimelndes Biotop finden könnten, beruhigte die aufgebrachte Menge kaum. Solche Mißerfolge nagten an der Seele des Referenten. Allmählich verrieten sein Vortragston und seine Körperhaltung eine Art von Unsicherheit, wie sie gelegentlich auch den sensiblen Metzger und den tierfeindlichen Kunstdüngerproduzenten befallen mag. Kartuschl fühlte sich für die Gefährdung der Stubenfliege im vollintelligenten Büro verantwortlich. Schon trug er sich mit dem Gedanken, die Hilfe eines Psychiaters in Anspruch zu nehmen, da kam plötzlich frohe Kunde aus den Vereinigten Staaten. Einem Forschungsteam, das sich der Biologie und der Elektronik gleichermaßen verpflichtet fühlte, war in New York der Nachweis gelungen, daß die Kakerlaken von Computern auf magische Weise angezogen werden. Diese düster gefärbten, plattgedrückten Küchenschaben, die dem Menschen schon seit der Steinkohlenzeit den Weg bereiten, dachten nicht

daran, sich vor elektronischen Systemen zu ängstigen. Im Gegenteil - die konstante Temperatur in Computern vermittelte ihnen jene Nestwärme, die kleine Tierchen in der salmiakduftenden Küche der Neuzeit schmerzlich vermissen. Und die Krümelchen, die Softwarediener bei ihren Zwischenmahlzeiten vor die Systeme streuen, sind für die emsigen Kakerlaken eine dankbar akzeptierte Ernährungsgrundlage.

Henning Kartuschl fühlte sich, als er diese Nachricht las, schlagartig wohl wie eine Küchenschabe im Computer. Umgehend beschaffte er sich Bilder von einer New Yorker Kakerlake, die auf einem Chip ihr zufriedenes Dasein fristet. Als besonders wichtig empfand er ein Foto, das eine prozessorbesiedelnde Schabe bei der Einlagerung eines Weißbrotkrümels zeigt.

Jetzt trat Kartuschl ohne Befangenheit vor sein mißtrauisches Publikum. Unbekümmert stimmte er im ersten Teil seines Referats eine Hymne auf die Segnungen des Computerzeitalters an. Wenn sich dann die Empörung seiner tierliebenden Zuhörer Bahn brechen wollte und die kritische Frage nach den Überlebenschancen des menschheitsbegleitenden Kleingetiers laut wurde, leitete der erfahrene Elektronikmissionar sofort zum zweiten Teil seines Vortrags über. Zu den leisen Klängen von Beethovens »Pastorale« projizierte Henning Kartuschl die Dias von den New Yorker Küchenschaben. Mit ergriffener Stimme schilderte er die weitblickende Überlebensstrategie des gewandten Lauftierchens, lobte dessen Flexibilität bei der Übersiedlung aus Bäckereien in die Elektronik der Wolkenkratzerbüros und zog den Schluß, daß auch der Mensch in der Lage sei, inmitten einer computergesteuerten Umwelt zu leben.

Das überzeugte. Vom Mut der Küchenschabe angeregt, überwinden seitdem immer mehr Menschen ihre Vorbehalte gegenüber dem technischen Fortschritt, setzen sich bedenkenlos an die verschiedensten Systeme und streuen kakerlakenfreundliche Weißbrotkrümel vor die Keyboards. Sie haben begriffen, daß man auch am Personal Computer praktischen Tierschutz betreiben kann.

Der Mikro als Hausmittel

Im Krankheitsfall vertraut der Mensch uralten Hausmitteln. Heutzutage kommt es allerdings vor, daß er sich mit dem Kamillentee eine Prise Kadmium einverleibt. Das belastet den Glauben an die Heilkraft der Steinzeitmedizin - der Ruf nach neuen Wundermitteln wird laut. Nur wenige Zeitgenossen haben erkannt, daß der Computer von vielerlei Leiden befreien kann. micro zeigt, wie der Mikro als Hausmittel einzusetzen ist.

Hilfe bei Fußkribbeln

Das klassische kalte Fußbad stellt im Zeitalter des sauren Regens den kribbelnden Hohl-, Spreiz- und Senkfuß nicht mehr zufrieden. Sichere Abhilfe gewährleistet dagegen die Berechnung der tatsächlichen Steuerlast mit dem Homecomputer. Bei der elektronischen Summierung aller erkennbaren und getarnten Steuerabgaben kommt der Kreislauf des Menschen am Mikro zuverlässig in Wallung. Sobald auf dem Monitor die monatliche Abgabelast dem Bruttoeinkommen gegenübergestellt wird, verlagert sich beim Steuerzahler das Kribbeln von den Füßen in die Stirn: Seit Paracelsus weiß man, wie nützlich es ist, wenn gelegentlich der Kopf raucht.

Vorsorge gegen Knochenbrüche

Der mitteleuropäische Mensch hat die Angewohnheit, schon kurz nach seiner Geburt die Kunst des Skifahrens zu erlernen, um einen Teil seines Lebens der Heilung gebrochener Gliedmaßen zu widmen. Die Notwendigkeit, die Kostenexplosion im Gesundheitswesen zu dämpfen, zwingt auch in diesem Bereich zum Umdenken. Die Sadism Playtime Corporation hat soeben ein Computerspiel auf den Markt gebracht, das den Mikro-Freund von allen gefährlichen Skiaktivitäten freistellt. Er kann auf dem Bildschirm beliebig viele Stellvertreter in schaurige Talgründe rasen lassen, ohne eigene Knochenbrüche fürchten zu müssen. Einzige Gefahr: Die Faszination dieser Software führt zu stundenlangem Spiel, so daß bei morschem Mobiliar ein Absturz des Spielers aus dem Computersessel nicht ausgeschlossen werden kann.

Instrument der Familienplanung

Nicht jeder Deutsche wagt es, sich in seinen persönlichsten Angelegenheiten vertrauensvoll an die Briefkastentanten einer Illustrierten zu wenden. Deshalb bleibt mancher Zeitgenosse ohne den guten Rat in Fragen der Familienplanung. Um so dankbarer wird die Nachricht aufgenommen, daß der Mikro im Hause dazu beiträgt, die Größe der Familie in Grenzen zu halten. Zumeist genügt es, wenn sich der Haushaltsvorstand zum Freak entwickelt und jeden Abend bis kurz nach Mitternacht am Rechner sitzt. Nach vorläufigen Erhebungen der Statistischen Landesämter steht die Verweildauer der Ehemänner am Computer in umgekehrtem Verhältnis zur Größe ihrer Familie.

Verhinderung von Alpträumen

Mancher Zeitgenosse begeht den Fehler, vor dem Schlafengehen noch einen Blick auf seine Kontoauszüge zu werfen - Alpträume sind zwangsläufig die Folge. Mit der multikompatiblen Software »Relative Wealth« läßt sich dieser Mißstand überwinden. Auf der Diskette ist die Verschuldung internationaler Leitbilder des Wirtschaftslebens gespeichert. Zinsgeplagten Reihenhausbesitzern wird empfohlen, sich an jedem Abend diese Zahlen auf den Bildschirm zu holen und ein wenig über die weltweite Verschuldung zu meditieren: Die eigenen Finanzprobleme treten sofort in den Hintergrund, ein erholsamer Schlaf ist gewährleistet.

Genügsamer Begleiter

»Wirst du mich auch noch verwöhnen, wenn ich deine Frau bin, Hans-Otto?« – »Das wird sich zeigen, Elfriede. Ich speise alle Aufwendungen für dich in den Personal Computer ein, und der steuert mit seiner wöchentlichen Berechnung der Kosten-Nutzen-Relation meine Liebesgefühle.«

Aus »Fliegende Blätter« von 1910, neu getextet von Erich Pawlu

Ferdinand Paschka war im Grunde ein Geizkragen, aber wie viele geizige Leute, rang er sich manchmal zu Anschaffungen durch. Sein jüngster Schritt in dieser Hinsicht drückte ungewöhnliche Risikobereitschaft aus: An ein und demselben Tag schaffte sich Ferdinand Paschka einen Handheld und eine Freundin an.

Beide Bereicherungen im Leben dieses sparsamen Menschen lockten zu genauerer Erkundung. Paschka entschied sich für eine Wochenendreise zu dritt. Die Freundin Natascha, der portable Computer HPC 840 und Ferdinand selbst sollten sich, fern von der vertrauten Umgebung, einem freiwilligen Harmonietest unterziehen und prüfen, ob ein Zusammenleben ohne Komplikationen möglich sei.

Der Autoausflug begann sehr harmonisch. Als Natascha sah, daß Paschka die Fahrt ins Blaue nur mit einem kleinen Köfferchen antrat, fühlte sie sich geschmeichelt. »Ein Mann«, dachte sie, »der schon beim ersten gemeinsamen Ausflug auf alle Nebensächlichkeiten verzichtet, wird beim Aufbau eines neuen Lebens auch seelischen Ballast abwerfen und alles hinter sich lassen können.«

Zu diesem Zeitpunkt hatte Ferdinand Paschka das Gefühl, daß Natascha seinen Handheld HPC 840 an Ausstrahlung bei weitem übertraf. Der Reiz des Mädchens verflachte allerdings stark, sobald der preisbewußte Paschka an das erste gemeinsame Abendessen dachte. Als sie bei hereinbrechender Nacht an einladend beleuchteten Restaurants vorbeifuhren, verhielt sich der Computer absolut diszipliniert, während Natascha beängstigenden Appetit entwickelte.

Ferdinand gab beklommen Gas und entwickelte eine Strategie. Er entschloß sich, Natascha zwar in ein Lokal einzuladen, aber anstelle eines kostenintensiven Châteaubriands eine Einführung in die Computertechnik zu bieten. Die von der modernen Elektronik ausgehende Faszination sollte den urtümlichen Appetit seiner Freundin zügeln helfen.

Das Restaurant »Bolero« bot gute Voraussetzungen, die Funktionsbreite des HPC 840 zur Geltung zu bringen. Den drei Ausflüglern wurden störungsfreie Plätze in einer Wandnische angeboten. Besonders freute sich Ferdinand Paschka darüber, daß er in Reichweite eine Steckdose entdeckte. So blieb die Batterie des Handhelds unangetastet. Den Strom zahlte der »Bolero«-Wirt.

Feierlich öffnete Paschka den Deckel seines geheimnisvollen Aktenkoffers, richtete das LCD-

Display auf Nataschas erstaunte Augen aus und füllte die 16 Zeilen des Bildschirms mit 80 Zeichen. Ferdinands Ehr- und sonstigem Geiz gefiel es, daß er kostenlos 160 KByte Speicherkapazität beherrschen konnte. Als der Ober kam und erlesene Menüs empfahl, konfrontierte Paschka den verwirrten Mann sofort mit dem Hauptmenü der systemimmanenten Handheld-Software. Die Frage nach Getränkewünschen erstickte er mit einer trockenen Erläuterung der Flüssigkristallanzeige.

Natascha wäre für elektronische Informationen durchaus aufgeschlossen gewesen, wenn sie nicht von Hunger geplagt worden wäre. Als Ferdinand zu Zwecken der gastronomischen Kostensenkung die Erklärungen zu den Kommandos und zu den Option-Unterbefehlen aus dem Handbuch vorlas, signalisierte das Mädchen dem »Bolero«-Ober mit ausgestrecktem Zeige- und Ringfinger, daß sie das Menü zwei bestelle. Der erfahrene Mann im Frack verstand sofort, obwohl Nataschas Fingerhaltung an ein V-Zeichen erinnerte. Aber es war leicht zu erkennen, daß das Mädchen keinen Grund zu Siegesfeiern hatte.

Im Mittelpunkt des Menüs zwei stand ein »Châteaubriand nach Bolero-Art«, das die Kosten dieses Abends in die Höhe und Paschka Schweißperlen auf die Stirn trieb. Während Ferdinand mürrisch mitaß, um die Fremdspesen zu senken, verglich er insgeheim den genügsamen HPC 840 mit der schmausenden Natascha. Die Nutzen-Kosten-Rechnung fiel eindeutig zu Gunsten des Computers aus.

So kam es, daß der Wochenendausflug zu dritt abgebrochen wurde. Der Geizkragen Ferdinand Paschka zog sich mit dem Handheld in sein sparsames Apartment zurück, lud den Energiespeicher samt Sicherheitsbatterie gelegentlich an fremden Steckdosen auf und nutzte seine 64 KByte RAM und 96 KByte ROM gelegentlich zu privaten Zwecken: Genüßlich berechnete er, wieviel Geld er aufwenden müßte, wenn er sich statt eines genügsamen Handhelds eine ständig hungrige Frau aufgehalst hätte.

Der Mikro als Lehrer

Milchmengenregelung mit dem PC

»Laß das Weinen, Resi! Zu Weihnachten bekommst du einen Stall-Computer mit einprogrammiertem Warnsignal. Dann weißt du endlich, wann du beim Melken unserer Kühe das genehmigte Milchkontingent überschreitest.«

Aus »Oberbayerische Lieder« von 1872, neu getextet von Erich Pawlu

Josef Bittl weiß jetzt, was eine Persönlichkeitsveränderung ist. Bittl ist Bauer. Jahrzehntelang betrat er seinen Stall gutgelaunt, regte mit einem freundlichen Klaps die Milchproduktion seiner Kühe an und verblüffte die Molkerei mit ständig steigenden Lieferungen. Seitdem aber der EG-Ministerrat die Milch-Garantiemengenregelung durchgesetzt hat, ist Josef Bittl nicht wiederzuerkennen.
Wütend reißt er die Stalltür auf, und beim Anblick der vollen Euter beschimpft er Gott und die Welt. Vor allem seine Kuh Lisa zeigt überhaupt kein Verständnis gegenüber der politisch verordneten Milchwende: Durch unzeitgemäße Überproduktion versucht sie, die Liebe ihres Herrn zu gewinnen.
»Mistvieh«, murmelt der undankbare Bittl, wenn er die tägliche Milchbescherung mißt. Die fruchtbare Kuh verursacht eine größenwahnsinnige Überschreitung des zugebilligten Milchkontingents. Und die Molkerei zahlt für die unzulässige Milchschwemme nur einen Literpreis von 18 Pfennig. Bittl droht: »Entweder du wirst vernünftig Lisa, oder ich rede mit dem Metzger. Der Staat verachtet deine Produktivität. Wenn ich dich in Rinderbraten verwandeln lasse, erhalte ich zur Belohnung eine Milchrente.«
Aber in Wahrheit hing der Bauer Bittl doch an seinem Star im Stall. Deshalb widerstand er auch den Verlockungen eines milchfreien Daseins und eines kuhfeindlichen Monatssolds in Höhe von 380 Mark pro Monat. Als aufgeschlossener Landwirt suchte er seine Zuflucht bei den fortschrittlichen Wissenschaften.
In der Nachbarschaft wohnte der Gymnasiast Peter, ein Computerfreak. Der wußte Rat. Er installierte einen Mikro im Bittlschen Stall, speicherte in der Software zunächst die zulässige Tagesmilchmenge und darüber hinaus den von Lisa aufzubringenden Anteil, bestimmte den Zusammenhang zwischen Futtermenge, Futterart und Milchproduktion, entwickelte ein Fütterungskonzept zum Ausgleich der jahreszeitlich bedingten Fruchtbarkeitsschwankungen hochentwickelten Milchzuchtviehs und konfrontierte Lisa schließlich mit einem elektronischen Anzeigenfeld in Augenhöhe. Auf diesem speziell für die Sinnesorgane von Rindern konzipierten Monitor wurde ein vierblättriges Kleeblatt sichtbar, wenn Lisa Freßerlaubnis hatte. Sobald die Nahrungsaufnahme wegen drohender Milchüberproduktion gestoppt werden mußte, erschienen auf dem Bildschirm die unmißverständlichen Konturen eines Hackbeils samt den bedrohlichen Buch-

staben EG. Die beiden Lettern versetzen das deutsche Rindvieh bekanntlich seit Jahren in höchsten Schrecken.
Kühe sind intelligente Wesen. Zwar war nicht zu ermitteln, ob Lisa die Kunst des Bildschirmtextlesens erlernt und damit die ständig wachsende Zahl deutscher Analphabeten geistig übertrumpft hatte. Sicher war aber, daß Lisa nach kurzer Einübungsphase das Kleeblatt als Fütterungskommando und das Hackbeil als kuhfeindliches Bedrohungssignal identifizierte. Damit war Lisa die erste Kuh Europas, deren Biorhythmus einer elektronischen Steuerung unterworfen war.
Gegenwärtig verwandelt sich Josef Bittl in den gutmütigen Landwirt zurück, der die vorbildliche Milcharmut seiner Kuh Lisa frohgelaunt zur Kenntnis nimmt. Natürlich hütet er sich, seine Hochachtung mit einem Klaps auszudrücken. Er müßte ja befürchten, daß dann die Milchproduktion seines Lieblingstiers abermals angeregt wird. Und auch Peter, der Computer-Freak, ist mit sich zufrieden. Er wertet die Ergebnisse seines Experiments gerade für »Jugend forscht« aus. Allerdings korrigiert er einige restliche Fehlergebnisse auf eine sehr unwissenschaftliche Weise. Wenn Lisa einmal den Milchsegen trotz eindringlicher elektronischer Warnung über das zulässige Kontingent hinaus ausdehnt, entschließt sich der junge Computerfan zu einer höchst uneigennützigen Beseitigung der unwillkommenen Überschüsse: Dann hängt er sich an Lisa und leitet die vollfette Überproduktion in sich selbst über. Das verleiht ihm das stolze Gefühl eines klassischen Helden, der bekanntlich vor keinem Opfer für die große Sache zurückscheut. Und außerdem gewinnt Peter ein zunehmend gesundes Aussehen. Die Leute im Dorf sind davon überzeugt, daß der Gymnasiast so prächtig gedeiht, weil ihm das Computern riesigen Spaß macht.

Mikro-Kurzromane

Die verlängerte Freizeit setzt den deutschen Menschen beim Lesen unter Zeitdruck. Wer noch vor kurzem am Arbeitsplatz einen dickleibigen Schicksalsroman innerhalb einer Woche bezwang, sieht sich plötzlich nach knapperer Lektüre um. Immer beliebter wird daher der deutsche Kurzroman, der die Lebensdramatik von Ärzten und Gräfinnen, Cowboys und Sekretärinnen in wenigen Zeilen zusammenfaßt. Leider wurde dabei das Thema Computer bisher kaum berücksichtigt. micro begründet auf dieser Seite endlich die Form des Mikro-Kurzromans.

Happy Freakend

»Also los, Daddy«, sagte Chris »nun zieh doch mal vier Hündis aus dem Tornister!«
Vater Pratzenhorn erschrak. »Wofür brauchst du 400 Mark?«
»Na, für 'ne Rappelkiste, Chef!«
»Für einen Heimcomputer«? fragte Eugen Pratzenhorn gequält. »Mit deinen schlechten Noten in Mathematik«?
»Schule ist ätzend. Da kocht in meinem IQ-Haushalt sofort die Maggi-Brühe! Das Malen auf der Papyrusrolle ist völlig ungeil.«
»Ja, leider hast du für deine schriftlichen Aufgaben nie Zeit«, klagte der geplagte Vater.
»Und«, ergänzte Chris, »auch bei der Sahneschnitte heb ich keine Feder.«
Eugen Pratzenhorn wurde ärgerlich: »Das wäre ja noch schöner, wenn du mit sechzehn schon eine feste Freundin hättest.«
»Aber ständig mit dem Moto-Baby durch die Pampa heizen, is' zu schroff«, stellte Chris fest.
»Im dauernden Mopedfahren liegt auch wirklich kein Lebenssinn«, gab sein Vater zu bedenken.
»Na also: Sei'n ausgetickter Typ und heb mir einen Chiptresor in mein Brain-storm-Kabinett.«
Pratzenhorn gab nach. »Also gut. Du sollst den Computer haben. Aber daß du nicht eingehst vor lauter Bewegungslosigkeit!«
»Is easy, Chef«, rief Chris. »Hand auf'n Herzschrittmacher: Ich geh jeden Abend einen heben.«

Western Chips

Wer Chicky Chick Chippenrider ein einziges Mal in die eiskalten Augen blickte, wußte genug. Dieser Ganove schreckte nicht einmal vor dem Zentralcomputer der NASA zurück. Selbst auf den entlegensten Pfaden der Elektronik mußten die Informatiker damit rechnen, daß ihnen Chicky Chick Chippenrider als Wegelagerer entgegentrat, ihre Passwords erbeutete und anschließend durch ihre Programm-Claims galoppierte.
Nur einen Gegner fürchtete Chicky wie den Stromausfall. Das war Algory Th. Mus, der clevere Software-Sheriff. Algory war absolut der Schnellste, wenn es darum ging, den Copyright-Colt an die Hüfte zu legen und Paragraphen gegen Ganoven abzufeuern.
»Zieh!« knurrte Chicky Chick Chippenrider, als ihm Algory Th. Mus eines Tages vor einer Datenbank abermals mit seiner großkalibrigen Kopierschutz-Kanone entgegentrat.
Algory zögerte keinen Augenblick. »Mieser Hacker!« schrie er, warf sich auf den Boden des Gesetzes und ließ den anrennenden Chippenrider schwerfällig ins Leere taumeln. Chicky Chick Chippenrider prallte gegen die verschlossene Datenbank, holte sich eine Beule und die Erkenntnis, daß er seine Software-Piraterie künftig in die ungesicherten Diskettenparks von Computer-Greenhorns verlegen mußte.

Schicksalsschlag

»Ich weigere mich«, sagte der Sproß aus uraltem Adel, »die Verwaltung auf Schloß Wirrensee einem Computer anzuvertrauen.«
»Welch Unbill befürchten Herr Baron?« hauchte die Komteß Nastassja, die auf einem ihrer halbwilden Pferde von den benachbarten Liegen-

schaften herübergeritten war und ihre feingeschwungenen Finger anmutig auf einem Handheld ruhen ließ.

»Einen Schicksalsschlag befürchte ich«, flüsterte der Baron kaum hörbar und sah in unermeßliche Fernen.

»Blitzschlag und Lebensfaden«, meinte die Komteß versonnen, »liegen außerhalb der Macht des Menschen.«

»Gewiß«, antwortete der Baron mit dem gequälten Lächeln, das seine Dynastie berühmt gemacht hatte. »Gewiß. Aber auch mit irdischen Mächten soll man nicht spaßen. Ein Computer auf Schloß Wirrensee müßte dunkle Mächte herausfordern.« In der Stimme des Barons vibrierte die Vorahnung des Unheils.

»Herr Baron befürchten den Verfall des spanischen Zeremoniells unter dem Einfluß von IBM, nicht wahr?« fragte anteilnehmend die Komteß.

»Das nicht«, ließ sich der Baron vernehmen. Er erhob sich, als rüste er zu aussichtslosem Kampfe. »Aber wenn ich die Buchhaltung diskettiere, unterliege ich wohl meinem stärksten Kontrahenten: dem Finanzamte.«

Mikro-Märchen

Software-Rumpelstilz

Es war einmal ein Mädchen, das hieß Liese Müller und erledigte in ihrem Einzimmerapartment Heimarbeiten. Eines Tages erhielt sie den Auftrag, viele tausend Serienbriefe zu tippen. Liese mietete einen Personal-Computer und drückte die Tasten, aber auf dem Bildschirm erschien nur unsinniges Zeug. Da schluchzte das Mädchen zum Gotterbarmen.

Das hörte Rumpel Stilz, ein Informatiker. Der trat ganz nah an Liese heran, brachte eine leichtfaßliche Systemsoftware mit und hatte im Handumdrehen alle Briefe fertig. Liese schenkte Rumpel Stilz ihren schönsten Blick und brachte die Serienbriefe dem Firmenchef. Der sagte bei sich: »So eine tüchtige Schreibkraft bringt mir Gold in die Kasse«, und beschloß, Liese zu heiraten.

Da flehte Liese den Informatiker an, ihr die Systemsoftware in die Ehe mitzugeben, aber Rumpel Stilz wollte weder auf Lieses schöne Blicke noch auf seine Diskette verzichten.

Am Tag vor der Hochzeit schlich sich Liese an die Wohnungstür, hinter der Rumpel Stilz gerade ein neues, nochmals verbessertes Programm ausdruckte. Sie hörte ihn murmeln: »Heute versteck ich die Diskette über Nacht in meinem Bette. Ach, wie gut, daß niemand weiß, was ich schreibe schwarz auf weiß.«

Liese klopfte sacht. Rumpel Stilz glaubte, das Mädchen wolle ihm einige schöne Blicke abliefern und setzte sich mit Liese aufs Bett. Da griff Liese unters Kissen, faßte die Diskette und sprang davon. Wütend stieß Rumpel Stilz den Fuß auf den Boden, daß der PVC-Belag zerriß und der ganze Neubau wackelte.

Liese aber schrieb von nun an mit Rumpel Stilzens einfachem Programm die schönsten Serienbriefe. Und ihr Mann, der Firmenchef, hütete Liese wie seinen eigenen Augapfel.

Das Haar im Computer

Es war einmal ein schönes Mädchen, das hieß Tatjana Rapunzel. Ihr langes blondes Haar fiel so seidig auf einen Personal Computer, daß sich die Strähnen wie goldener Hanf auf die Tasten legten und die merkwürdigsten Wirrnisse auf den Bildschirm zauberten. Tatjana erkannte die Ursachen der Störungen nicht. Sie schluchzte kummervoll, bis Hans, der Abteilungsleiter, zu Hilfe eilte. Nachdem er ein Goldhaar aus dem Rechner gezogen hatte, nahm er die Kollegin Rapunzel in seine starken Arme und erklärte ihr die Geheimnisse der neuen Zeit. Daraufhin führte er das schöne Kind erst zum Essen und dann zum Friseur, der dem Mädchen eine modische Kurzhaarfrisur bescherte. Fortan störte Tatjana kein böser Zauber, wenn sie, über ihrem Computer sinnend, den Kopf senkte. Hans, der kein gutes Haar im Mikro gelassen hatte, achtete sorgsam darauf, daß Tatjanas nachwachsende Lockenpracht nur ihn, niemals aber den Rechner verzauberte.

Die schläfrige Königin

Es war einmal eine kluge Frau, die hieß Else König und mochte es nicht leiden, wenn jemand mehr wußte als sie. Deshalb speicherte sie in ihrem Heimcomputer alle Geheimnisse der Welt, und jeden Abend gab sie dem Gerät die Frage ein: »Hardware, Software, gebt bekannt, wer weiß mehr im ganzen Land?«

Flugs erschien auf dem Bildschirm die Antwort: »Frau König, Ihr seid die Klügste im Land.«

Da war es die schöne Frau zufrieden, legte sich zur Ruhe und ließ lächelnd die Zeit verstreichen.

Aber hinter mindestens sieben Gebirgen und etlichen Meeren begann sich ein Volk zu rühren, das manche Leute für emsige Zwerge hielten. Es steckte viele Lichtlein an und arbeitete bis in die Nächte hinein, so daß es hell im ganzen Lande wurde. Und schließlich bauten diese Menschen winzige Computer, die mehr Geheimnisse aufnehmen konnten als Elses Gerät.

Eines Tages nun lag die Frau König wieder bequem auf ihrem Bette und stellte dem Heimcomputer ihre allerliebste Frage: »Hardware, Software, gebt bekannt, wer weiß mehr im ganzen Land?«

Die Antwort war: »Ihr, Frau König, habt zwar immer noch Grips. Aber das geistige Panorama der Menschen am Fudschijama wächst stürmisch durch bessere Chips.«

Else König erschrak und überlegte, wie sie ihre einstige Überlegenheit zurückerobern könne. Aber sie war das bequeme Leben schon so gewöhnt, daß sie nicht mehr aus den Pantoffeln kam und nur noch hilflos die Welt beschimpfte.

Maximen und Reflexionen eines Programmierers

»Ist es wirklich wahr, daß wir in Kürze das gesamte Weltwissen per Computer abrufen können?«, fragte ein Professor ängstlich. »Das ist durchaus denkbar«, sagte der Programmierer. »Aber Kopf hoch! Die dazugehörigen Irrtümer wird auch weiterhin die Wissenschaft liefern müssen.«

***

»Meinen Sie, daß wir schon bald vom Computer beherrscht werden?« fragte ein Pantoffelheld. Der Programmierer hätte diesem Zeitgenossen gern ein wenig Hoffnung gemacht, antwortete aber wahrheitsgemäß: »Das ist noch keineswegs sicher.« Da fügte sich der Mann enttäuscht in sein Schicksal und ging nach Hause zu seiner Frau.

***

»Politiker«, sagte der Programmierer, »sind zu beneiden. Selbst mit Fehlentscheidungen sichern sie den Fortgang der Geschichte. Ich hingegen leite vielleicht schon mit den kleinsten Programmfehlern das Ende der Geschichte meiner Firma ein.«

***

»Das ist ja phantastisch! Sie schaffen sich Ihre eigene Welt«, rief eine hübsche und kontaktfreudige Kollegin bewundernd aus, als sie die kreative Arbeit des Programmierers beobachtete. »Das ist wahr«, sagte dieser. »Aber ich bin gerade am Anfang meiner Schöpfungsgeschichte, beim Sieg über das Chaos. Eine Eva brauche ich erst später.«

***

»Können Sie denn Ihrem Computer nicht beibringen, ein Gedicht zu schreiben?« fragte ein sehr moderner Schriftsteller. »Das ist überhaupt kein Problem«, sagte der Programmierer. »Allerdings ist es schwer, ein System zu entwickeln, dessen Resultate mit Ihren Texten konkurrieren können.« - »Nicht wahr?« meinte der Autor geschmeichelt. »Ja«, erläuterte der Elektronikfachmann. »Im Output eines Lyrikcomputers finden sich immer wieder einleuchtende Sätze.«

***

»Programmieren? Was ist das schon!« sagte ein überschlankes Mannequin. »Schließlich programmiere ich meine Figur auf Zentimeter exakt! Ohne Computer!« »Wir beide benötigen viel Disziplin«, räumte der Programmierer ein. »Nur erwartet man von mir auch noch das Wunder, daß mein Programm möglichst schnell Speck ansetzt.«

***

Innerer Monolog eines Programmierers: »Das Error-free-Versprechen auf einer neuen Diskette gleicht den guten Vorsätzen einer Braut auf dem Standesamt. Ein kluger Bräutigam und ein guter Programmierer bewahren dennoch ein gesundes Maß an Skepsis. Sie wissen, daß mit Komplikationen erst zu rechnen ist, sobald das unbeschriebene Material auf das eigene Programm formatiert wird.«

***

»Das Computerzeitalter ist mir völlig egal«, sagte die Bardame, während sie einen irrwitzigen Preis für den Whisky in die Kasse tippte. »Diese Gleichgültigkeit können Sie sich auch wirklich leisten«, meinte der Gast, ein Programmierer. »Offenbar steht Ihre Software überhaupt nicht unter Preisdruck!«

***

»Ärgert es Sie nicht, wenn ich mit Ihren Programmen das Vielfache von dem verdiene, was Sie für Ihre Arbeit erhalten?« fragte ein erfolgreicher Geschäftsmann. »Wo denken Sie hin!«, sagte der Programmierer. »Wird etwa der Ziegelfabrikant beim Anblick jedes Hochhauses von Neid geschüttelt?«

Schulung zwischen Kuh und Mikro

»Gefreiter Müller, wie können Sie zum Computerkurs mit einer Fahne antreten! – »Melde gehorsamst, Herr Feldwebel, beim Kommando Duplizieren genehmige ich mir immer einen doppelten Korn.«

Aus »Der lachende Pädagog« von 1904, neu getextet von Erich Pawlu

»Sie sind doch hoffentlich fortbildungswillig«, sagte der Chef, als er mich an den neuen Computer setzte. Ich dachte sofort an ein Viersterne-Hotel, in dem eine gepflegte PC-Missionarin aus Silicon Valley rückständigen Völkern elektronische Botschaften übermittelt. »Ich bin selbstverständlich bereit, Lehrgänge zu besuchen«, sagte ich.

»Sehr schön«, sagte der Chef. »Ich habe Sie ohnehin schon angemeldet. Sie reisen am Montag.«

Freudig nahm ich die Unterlagen entgegen. Mein Wille, mich dem Fortschritt zur Verfügung zu stellen, wurde nur ganz geringfügig erschüttert, als ich las, daß ich in »Roberts Computer-Camp« ausgebildet werden sollte. Die Einladung versprach: »In der grandiosen Naturlandschaft Untergrindelwannings erwartet Sie eine unvergeßliche, prägende Kursatmosphäre.«

Dennoch zog ich meinen Kammgarnanzug an. Ich wollte nicht nur einen fortbildungswilligen, sondern auch einen gewinnenden Eindruck machen. Tatsächlich verursachte ich bei meiner Ankunft einiges Aufsehen. Die anderen Lehrgangsteilnehmer erwiesen sich als junge Leute in zeltplanenartiger Kleidung. Sie waren vorerst damit beschäftigt, statt eines Computers zwei Kühe zu füttern.

Robert, der Lehrgangsleiter, war glücklicherweise ein umgänglicher Bursche. Aufmunternd klopfte er mir auf die Schulter. Erschwerend für die Kommunikation war es allerdings, daß sein Sprachzentrum offenbar mit einem sehr eigenwilligen Textprogramm geladen war. »Nu woll'n ma mal zu allererst eine echt total irre Mafia-Torte reinzerren, Freaks. Wer ein Stück Brot stemmen will, zahlt extra, klar?«

In der schlichten Kantine klärte mich Claudia, ein gütiges, wenn auch ziemlich erdiges Wesen, darüber auf, daß mit der Lehrgangsgebühr die Begrüßungspizza, nicht aber das Bier bezahlt war. »Sie sind eine ideale Dolmetscherin«, sagte ich.

»Du kannst ruhig du zu mir sagen«, meinte Claudia. So schlossen sich die Campbewohner in der grandiosen Naturlandschaft Untergrindelwannings zu einer verschworenen Aktionsgesellschaft zusammen. In aller Frühe gingen wir zum Angeln, dann mähten wir das Futter für Roberts Kühe, anschließend tippten wir kameradschaftlich auf vier Personal Computern herum, nachmittags diskutierten wir die Überlebenschancen des Steinkauzes, Graureihers und Murmeltiers, und am späten Nachmittag übten wir zwischendurch noch einmal die Anwendung komplexer

Softwarepakete, ehe wir an Lagerfeuern Würstchen für das Abendessen brieten.
Ich verstand, daß der Kursleiter uns davor bewahren wollte, auf einer geistigen Einbahnstraße in die elektronische Zukunft abzufahren.
»Robert ist ein fortschrittlicher Alternativer«, erklärte Claudia, die zusätzlich die Betreuung von zwei Stallkaninchen übernommen hatte. Dadurch geriet die fortbildungswillige Kollegin in einen alternativen Streß, der es ihr unmöglich machte, zwischen den einzelnen Abschnitten des Tagesprogramms das bereitliegende Computerhandbuch zu studieren. Claudias Fortbildungsrückstand stachelte meinen Eifer an. Am Morgen, wenn ich den Forellen nachstellte, legte ich über die Angelrute eine Menge von Informationsschriften und verschaffte mir in der guten Luft Untergrindelwannings fundamentale Einblicke in die Funktionsweise elektronischer Rechner. Wenn Claudia die Kaninchen versorgt hatte und dann ins barackenartige Schulungszentrum zu den kurzweiligen Intermezzi an PC, Bildschirm und Typenraddrucker eilte, akzeptierte sie ohne jeden Einwand meine Hilfe. Mit der Feinfühligkeit des Naturfreundes ergriff ich ihre Hand und führte sie sicher zu allen verlangten Kommandotasten.
»Du bist ein ausgetickter Typ«, sagte Claudia, obwohl sie ein sehr erdiges Wesen war, füllten sich ihre Augen mit dem strahlenden Blau des Untergrindelwanninger Himmels. Wir kamen uns näher. Am letzten Kurstag fütterten wir die Stallkaninchen gemeinsam.
Als ich in meine Firma zurückkehrte und mit Hilfe des Computers sofort einen versandreifen Brief schrieb, gratulierte mir der Chef. Nur mit meinen Kollegen komme ich nicht mehr so gut aus wie früher. Sie bekritteln meine Allwetterbekleidung und meine neue Sprache. Überhaupt kein Verständnis finde ich, wenn ich mit der sanften Stimme eines alternativen Computerfreaks meine Absicht ankündige, demnächst unter dem Schreibtisch zwei Kaninchen zu züchten.

Computerspiele fürs Büro

Hürden für Steuerfahnder

Die Anwesenheit eines Steuerfahnders drückt bekanntlich stark auf die Stimmung im Büro. In solchen Fällen sorgt das Computerspiel »Tax-Fox« für Abhilfe. Auf dem Bildschirm erscheint der Steuereinnehmer in Gestalt eines Fuchses, der sich auf die Suche nach ungebuchten Hühnern macht. Ein besonderer Gag besteht darin, daß das korrekt numerierte Federvieh den Tax-Collector ablenken darf. Aufgabe des Players ist es also, dem Steuerfahnder möglichst viele ordnungsgemäße Hennen in den Weg zu stellen, so daß der Fuchs die unregistrierten Tiere aus den Augen verliert.

Für den Notfall gibt es noch einen letzten Ausweg: Die nicht deklarierten Hühner müssen - durch Plazierung des Etiketts »minus 18 Grad« - als tiefgekühlte Suppenhühner bezeichnet werden. Diese Umformung von Produktionsmitteln in Verbrauchsgüter erfolgt durch eine Reihe komplizierter Tastaturimpulse, die eine hohe geistige und manuelle Wendigkeit des Spielers erfordert.

Erster Erfahrungsbericht: Nicht nur in der Verwaltung von Hühnerfarmen löst dieses realitätsnahe Spiel starke Bereitschaft bei den Angestellten aus, sich mit der Situation der Firma zu identifizieren. Achtung! Von manchen Finanzämtern wird die Abschreibung dieser Software als Werbungskosten noch in Frage gestellt.

Rettung vor dem Tausendfüßler

Den Programmierern von Büro-Computerspielen geht es in erster Linie um eine Verbesserung des Betriebsklimas. Das beweist besonders deutlich »Millepede«, eine eigenwillige Herausforderung, die vor allem von still liebenden Schreibtisch-Herren gern genutzt wird. Ein übergroßer Tausendfüßler verfolgt auf dem Bildschirm ein ahnungsloses Mädchen. Der Spieler kann den Absichten des Ungeheuers begegnen, indem er mit Schmuckstücken (Schatzmotiv!) Barrieren aufbaut, über die der Tausendfüßler nur mühsam und zeitraubend hinwegkriecht. Überraschende Komplikationen ergeben sich dadurch, daß auch dem verfolgten Mädchen eine Vorliebe für wertvolle Dinge einprogrammiert ist. Höchste Intelligenz des Spielers ist gefragt, wenn ein hingeworfener Goldklumpen das lindwurmartige Tier mit der Verfolgten zusammenführt.

Zusätzliche Anregungen empfangen Computerbediener durch die Möglichkeit, das gefährdete weibliche Wesen mit einem beliebigen Namen zu kennzeichnen (z.B. Emmi). Wenn der Spieler den Namen einer sympathischen Kollegin eintippt und anschließend das Ungeheuer besiegt, erspart er sich oftmals mühevolle Erläuterungen seines Gefühlslebens.

Erster Erfahrungsbericht: »Millepede« fördert die Kontakte zwischen Belegschaftsmitgliedern optimal. Als elektronische Liebeserklärung hat die Diskette Bestsellerchancen; sie sichert dem Computerspieler im Büro ein Siegfried-ähnliches Ansehen (bekannter Drachentöter in der deutschen Sage).

Sieger im Verkehrsgewühl

Auch das Programm »Rush Hour Victory« stellt höchste Anforderungen an die Reaktionsfähigkeit des Spielers. Hier geht es nicht darum, ein visualisiertes Formel-I-Rennen zu gewinnen, vielmehr muß ein Firmenwagen durch ein wirklichkeitsnah simuliertes Verkehrsgewühl gesteuert werden, bei dem überraschende Hindernisse auftauchen. Kleinmüll darf bedenkenlos unter die Reifen kommen. Bei Fußgängern ist nur eine kurze Verzögerung angezeigt, da diese gemäß den einprogrammierten Bewegungsabläufen wendig beiseite springen. Eine Vollbremsung ist allerdings angezeigt, wenn plötzlich das Ende der 38,5-Stunden-Woche eingeblendet wird. Ein Tip: Erhöhte Aufmerksamkeit kurz vor dem Ziel! Der Wagen des Aufsichtsratsvorsitzenden erscheint unangekündigt von

rechts und beharrt auf seinem Vorfahrtsrecht.
Erster Erfahrungsbericht: Ein hervorragendes Spiel für Menschen im Büro, die sich vor dem Chef für verantwortliche Steuerungsaufgaben in der Betriebsleitung - oder wenigstens für selbständige Fahrten mit Firmenfahrzeugen - qualifizieren möchten.

Bildung aus der Datenbank

»Dieses Textverarbeitungssystem, Herr Buchhalter, ist noch ausbaufähig. Sobald Sie zehn Anschläge pro Sekunde schaffen, stellt Ihnen unsere Firma ein elektronisches Gerätenetz zur Verfügung.«

Aus »Fliegende Blätter« von 1898, neu getextet von Erich Pawlu

Ich bin nur ein unbedeutender Informationsassistent. Aber in meiner Brust schlummert eine unauslöschliche Sehnsucht nach einer besseren Welt. Deshalb hätte man mich nie in einer Datenbank verwenden dürfen. Allzu tief sind meine Einblicke in die Abgründe deutscher Seelen. Ich sitze vor einem Computer, der das Wissen der Menschheit auf Abruf bereithält. Über mangelnde Nachfrage kann ich nicht klagen. Eine ständig wachsende Zahl von PC-Besitzern holt sich mit der stillen Emsigkeit des Eichhörnchens die Daten aus meinen Speichern, um auf elektronischem Wege Wissenslücken aufzufüllen.

Solange ich in der Tagschicht eingesetzt war, machte mir mein Beruf großen Spaß. Schnell erkannte ich, daß am Morgen in Deutschland nüchterne Probleme gefragt sind. Stumm versorgten meine Computer ernste Zeitgenossen mit Hinweisen auf Aktiennotierungen der Börse und auf aktuelle Exportentwicklungen, verhalfen Politikern mit Textbausteinen zu rhetorischen Höhenflügen und hoben Chefsekretärinnen über grammatikalische Hürden.

Gegen Mittag wurden die Fragen volkstümlicher, aber noch nicht besorgniserregend. Rezepte für Schnellgerichte erwiesen sich als Renner, und mancher Magendruck schlug sich in der Forderung nach Kalorientabellen nieder. Zu diesem Zeitpunkt konzentrierte sich das Interesse meiner Kommunikationspartner auch ziemlich häufig auf die Frage, ob schlechtes Essen vor deutschen Richtern als Scheidungsgrund ausreiche. Die geistfeindliche Komponente des deutschen Gemüts erschloß sich mir in ihrer ganzen Tiefe erst während der Abendschicht. Sobald die Dämmerung über Mitteleuropa fällt, pflegen meine Landsleute die Datenbank mit reichlich dunkleren Fragen abzuklopfen. Gut verkauft werden dann exakte Auskünfte über großstädtische Vergnügungsviertel, und auch lückenlose Übersichten über das Liebesleben europäischer Prinzessinnen werden plötzlich zu Bestsellern.

Dann träume ich in meine Monitoren und denke traurig an die vielen wertvollen Bildungsgüter, die in meiner Bank wie Ladenhüter schlummern. Hölderlins späte Hymnen werden höchst selten benötigt, und nur ein einziges Mal ließ sich ein Kunde den Reiz der »Odyssee« erläutern. Melancholisch erkenne ich, daß meine Landsleute den Ruf, einem Volk der Dichter und Denker anzugehören, leichtfertig aufs Spiel setzen. Und da überfällt mich ein pädagogischer Eifer, der mich sogar zu Unkorrektheiten verleitet: Wenn ich merke, daß ein unbekannter Klient nur

Details zu den Spielarten oberflächlicher Lebenslust abruft und bei der elektronischen Datensicherung immer weiter ins Detail geht, fahre ich nicht selten mit einer unterbrechenden Schaltung dazwischen. Kürzlich überraschte ich einen Klienten, der sich das Buch »Kin Ping Meh« in Kurzfassung übermitteln lassen wollte, mit einer wissenschaftlich einwandfreien Erläuterung des pythagoreischen Lehrsatzes. Und einen anderen Datenabnehmer, der gegen Mitternacht Auskünfte über die Tänzerinnen in den Folies Bergère anforderte, konfrontierte ich übergangslos mit einem Extrakt aus Kants »Kritik der reinen Vernunft«. Auf diese Weise habe ich inzwischen schon ungezählte Male die wissenswerten Kulturgüter des Abendlandes unter die Leute gebracht.

Allerdings reagieren die Teilnehmer zumeist wütend auf die vermeintliche Fehlschaltung. Sie brechen den Kontakt ruppig ab und beschweren sich bei der Direktion über die Errors in unserem System. Aber manche Kunden halten die Verbindung doch aufrecht und lassen sich willig mit meinen erhabenen Themen füttern.

Auf diese Weise verbessere ich, so hoffe ich, ständig das geistige Niveau meines Volkes. Und wenn ich, was selten genug geschieht, einen Zeitgenossen sehe, der in der Straßenbahn oder auf einer Parkbank ein Werk von Leibniz oder Aristoteles liest, dann nicke ich ihm freundlich zu. Sein Erstaunen nehme ich gelassen hin. Er kann ja nicht wissen, daß ich mit größter Wahrscheinlichkeit sein geistiger Impulsgeber bin.

Charakterkunde im Mikro-Zeitalter

Die Kunst, körperliche Merkmale als Ausdrucksformen von Charaktereigenschaften zu werten, ist heute weit verbreitet. Allerdings hinkt die Psychologie bei der Typisierung des idealen Computermenschen noch weit hinter den technischen Entwicklungen einher. Heute verrät micro als erste Fachzeitschrift sichere Merkmale zur Bestimmung des computerfreundlichen und computerfeindlichen Zeitgenossen.

Büroschlaf und Computereignung

Der Armschläfer: Mancher Computermensch rüstet sich vor dem Bildschirm zum Büroschlaf, indem er die geschlossenen Augen zur Schreibtischplatte kehrt und die Stirn auf den Unterarm legt. Diese Körpersprache verrät das Unvermögen des Armschläfers, den Basic- oder Pascaldialog als anheimelnde Form der Kommunikation zu begreifen. Deshalb flüchtet der problematische Typ in eine elektronikfeindliche Traumwelt. Einsetzbar ist dieser Zeitgenosse allenfalls bei der Entwicklung einer Einschlaf-Software für den Homecomputer im Kinderzimmer.

Der stramme Schläfer: Neuerdings werden vor den Monitoren neue Schlaftypen registriert. Immer mehr Computermenschen schaffen es, aufrecht vor ihrem Gerät zu sitzen, die Hände auf die Tastatur zu legen und dabei mit offenen Augen ein Nickerchen zu machen - eine Form der Entspannung, die bisher nur dem Feldhasen und dem Waldkaninchen vergönnt war. Mit diesem Zeitgenossen sollte man nachsichtig umgehen, weil er vermutlich eine neue Evolutionsphase der Menschheit einleitet. Es ist zu vermuten, daß sich der Strammschläfer im Computerzeitalter als besonders resistent erweist, so daß die Menschheit bereits im nächsten Jahrhundert auf alle Spielarten des veralteten Bettschlafs verzichten kann.

Der Bart und die Chips

Der mephistobärtige Software-Pirat: Wer mit Mephistobart an den Computer drängt, muß ein gewisses Mißtrauen der Firmenleitung in Kauf nehmen. Die Vermutung des unverbildeten Volkes, daß Männer mit Mephistobart finstere Absichten hegen, gewinnt im Mikro-Zeitalter neue Bedeutung. Deshalb werden sich psychologisch geschulte Chefs nicht scheuen, die diskettierten Arbeitsergebnisse dieses Bartträgers gelegentlich zu überprüfen, um jede Software-Piraterie des verdächtigen Mitarbeiters schon im Ansatz zu unterbinden.

Der kaiserbärtige PC-Beherrscher: An manchem Personal Computer findet sich neuerdings wieder der schneidige Kaiserbartträger, der die monarchische Struktur seiner Seele ohne Scheu offenlegt. Die Nützlichkeit dieses Computermenschen ist noch strittig. Einerseits reißt der im Büro plazierte Kaiserbartträger souverän die Herrschaft über die Elektronik an sich, andererseits neigt der Typ dazu, die Mikros wie Lakaien für niedrige Dienste zu mißbrauchen. Bewährt hat sich der kaiserbärtige Büromensch als Beherrscher zentralgesteuerter Multi-user-Systeme, weil er in dieser Funktion nach dem Motto »Le PC - c'est moi« seine Anlagen voll entfalten kann.

Die Stirn und der PC

Überbreite, glatte Stirn: Hier handelt es sich um einen idealen PC-Menschen, weil die Stirnfläche an ein ausbaufähiges Keyboard erinnert. Der Breitstirntyp schreckt vor neuen Funktionstasten nicht zurück, glättet Programmfehler ohne Turbulenzen und hält die Tastatur ebenso rein wie seine obere Gesichtshälfte.

Niedrige, gefurchte Stirn: Vorsicht! Hier handelt es sich um einen typischen Computerkobold! Die wirren Linien in dem Schädelsektor über den Augenbrauen verraten den unsensiblen, zugriffwütigen PC-Zerstörer, der selbst eine Error-free-Diskette in einen umgepflügten Acker verwandelt.

Das Ohr und der Mikro

Winzige Ohrläppchen bei insgesamt großem Ohr: Dieser Mensch signalisiert die Fähigkeit, sich auf das Wesentliche zu konzentrieren. Wie sein Ohr auf alle Nebensächlichkeiten verzichtet, so läßt der großohrige Mensch bei der Arbeit am Computer Brotzeit, Freundin, Körperpflege und mündliche Kommunikation beiseite, um ohne Einschränkung seiner eigentlichen Aufgabe zu dienen. Ein idealer PC-Buchhalter!

Blasses spitzes Ohr: Ein blutarmer Mensch, der schon bei der kleinsten Schwierigkeit mit dem Computerprogramm kapituliert. Allenfalls an leicht faßlichen Textverarbeitungssystemen einsetzbar. Die geringe Vitalität des blaßohrigen Menschen vermindert seine Eignung für die Bedienung von Billigcomputern. Eine vollkommene Grafik beispielsweise versetzt diesen Menschen aufgrund geringer Widerstandskraft sofort an den Rand eines Nervenzusammenbruchs.

Persönlichkeitsbildung per Computer

Als Altphilologe bin ich Kummer gewöhnt. Mit einem nachsichtigen Lächeln, das sogar Sokrates imponiert hätte, verfolgte ich bisher die Torheiten der Jugend. Wenn in meinem Griechisch-Leistungskurs Unruhe aufkam, zitierte ich auswendig eine längere Passage aus der »Odyssee«. Dann verstand mich niemand mehr. So löste ich Staunen aus und sicherte meine Autorität. Aber seit ein paar Monaten begegnen mir meine Kollegstufenschüler mit neuartiger Distanz. Selbst die altgriechische Schilderung der Schönheit Helenas bleibt ohne Eindruck.

Als humanistisch geschulter und klassisch gebildeter Lehrer weiß ich, was in solchen Fällen zu tun ist. Im Nebenzimmer eines Gasthauses setzte ich mich mit den jungen Leuten zusammen, um im vertraulichen Gespräch den Veränderungen ihrer Psyche auf die Schliche zu kommen. Meine Kollegiaten nahmen kein Blatt vor den Mund. Da mußte ich erkennen, daß ihre Persönlichkeit durch neue Softwareprogramme stärker verändert wird als durch die Ideenlehre Platons.

Der Schüler als Chefpilot

»Natürlich besitze ich ebenfalls interessante Software-Spielprogramme«, erzählte mein schwächster Schüler Edmund Tratschel. »Die Kindergeschichten von den Seefahrten des Odysseus imponierten mir, als ich zehn war. Aber heute teste ich doch lieber, ob ich ein Sportflugzeug sicher auf den Rhein-Main-Flughafen runterbrächte. Gestern steuerte ich erstmals einen Airbus. Per Computersimulator natürlich. Ich verflog mich nur zweimal, streifte ganz leicht den Taunus, setzte aber die Maschine direkt hinter einem Jumbo auf. Na ja, mit den letzten Litern Benzin im Tank. Trotzdem. Das ist doch eine tolle Leistung beim allerersten Versuch! Das soll mir Odysseus erst mal nachmachen. Der schafft ja nicht einmal die Segelfahrt durch die Ägäis. Da müssen Sie doch verstehen, daß ich in Ihrem Unterricht ein bißchen abgeschlafft wirke, Herr Mucks.«

Der Schüler als Futurist

»Sie sind mir durchaus sympathisch, Herr Mucks«, meinte der durchschnittlich begabte Schüler Ralph Frühwind. »Aber seit ich das Terminal meines Vaters mitbenutzen darf, kann ich Ihr Fach nicht mehr ganz ernst nehmen. Ich hole mir jetzt alle nur denkbaren Daten auf den Bildschirm. Beispielsweise lasse ich mir ausrechnen, wieviel Altphilologen und wieviel Informatiker im Jahre 1990 gebraucht werden. Oder ich lasse elektronisch erkunden, welche Sprachen sich gegenwärtig international am stärksten ausbreiten. Griechisch nicht. Und nicht Latein. Und nicht einmal Englisch. Am gefragtesten sind die Computersprachen, Herr Mucks. Und ich möchte einmal gefragt sein. Deshalb lerne ich neben Griechisch auch noch Basic. Natürlich führt das manchmal zu Verwechslungen. Aber das werden Sie doch verstehen. Tut mir leid, Herr Mucks.«

Der Schüler als Millionär

»Ich«, sagte mein Spitzenschüler Gerhard Rübe, »habe nichts gegen Griechisch. Aber seit ich einen Homecomputer besitze, bin ich doch stark von Platons Staatstheorie abgelenkt. Mein Softwareprogramm ‚Typcoon' stellt eindeutig höhere Anforderungen an meinen Geist als die ‚Politeia'. Jeden Nachmittag teste ich am Computer, ob sich in meiner philosophisch überfrachteten Seele auch die Fähigkeiten eines Bankers verbergen. Mein Computer erlaubt mir, mit jedem beliebigen Anfangskapital realistische Spekulationen durchzuführen. Er offenbart mir die augenblicklichen Konditionen der Aktienmärkte. Vorige Woche investierte ich, rein theoretisch natürlich, 80000 Mark. Heute besäße ich nachweislich bereits 110000 Mark: unter Berücksichtigung der tatsächlichen Börsenentwicklung. Ich habe den Mikro hochrechnen lassen, wie reich ich bei meinem Talent werden muß. Mit Fünfzig bin ich auf jeden Fall mehrfacher Millionär. Selbst wenn ich ganz klein einsteige. Da treten dann die klassischen Bildungsziele der Schule notwendigerweise ein wenig in den Hintergrund. Ist doch verständlich, oder?«

Der Lehrer als Krisenmanager

Ich, Reiner Mucks, trauerte einige Wochen vor mich hin wie ein Ladenhüter in einem Supermarkt. Aber dann entschloß ich mich, den Anschluß an die neue Zeit zu wagen. Ich kaufte mir einen leistungsstarken Mikro. Ich brauchte ein Festplattengerät, um den ganzen Homer zu speichern. Und jetzt hole ich mir mit Hilfe eines elektronischen Textverarbeitungssystems täglich die schönsten Bausteine aus der »Ilias« und der »Odyssee« auf den Bildschirm. Und bastle an den Hexametern herum. Und erweitere die Texte mit eigenen Zutaten. In schlichtem Deutsch natürlich. Bald wird mein Buch erscheinen. Es wird eine Revolution in der Unterhaltungsbranche einleiten. Selbstverständlich wird es Diskettenkommentare in Basic geben. Und eine reiche Auswahl an Spiel-Software. Teil 1: »Wie man Kalypso entkommt« - ein erotischer Hit mit vielen Programmvarianten. Teil 2: »Polyphem wird erledigt« - ein kurzweiliges Spiel für Horrorfreunde. Teil 3: »Begegnung mit Nausikaa« - eine Spieldiskette für zärtliche Stunden. Endlich werden sich meine Schüler mit Begeisterung auf antike Bildungsgüter stürzen. Und ich, Reiner Mucks, rette vielleicht die abendländische Bildung. Auf mikroelektronischem Wege.

Neue Lebensweisheiten

Fiasko
Der Strom ist ausgegangen,
die PC-Leute bangen
und raufen sich das Haar.
Der Schirm ist schwarz und schweiget,
und aus der Software steiget
kein Wort, kein Bild, kein Kommentar.

Üble Anlage
Password-Drang
ist Mikro-Sünders Anfang.

Gebot
Üb immer Treu und Copyright,
bis an das kühle Grab
und kupfre niemals Bit und Byte
von fremder Software ab!

Mai-Errors

Ein wesentlicher Vorzug des Computers liegt bekanntlich in seiner Weigerung, Emotionen zu entwickeln. Sogar Wutausbrüche der Bedienungsmannschaft werden von den Chips zumeist ohne größere Verstimmung geschluckt. Eine gewisse Vorsicht gegenüber elektronischen Outputs ist allerdings im Wonnemonat Mai geboten. Wenn die Mikro-Sekretärin, von frühlingshaften Empfindungen überwältigt, am Keyboard ein Liebesliedchen trällert, können sich bei der Arbeit mit Satzbausteinen verwirrende Mischungen ergeben. Bei den nachfolgenden Passagen handelt es sich um typische Mai-Errors einer textverarbeitenden und von Liebe ergriffenen Sekretärin in einem Verlag, der schöngeistige und sachliche Bücher produziert.

Politischer Kernsatz

In dieser historisch bedeutsamen Situation sah sich der Minister, von der Opposition heftig angegriffen, zu einer scharfen Grundsatzerklärung herausgefordert. Er formulierte in beeindruckender Klarheit den Entschluß, weder die Zügel noch den Gegensatz zum politischen Gegner schleifen zu lassen. Der Glättung störender Unebenheiten und unliebsamer Rauhflächen dient Planschleifen (neuerdings eine weitverbreitete Methode zur Beseitigung auch robuster Widerstände). Elegante Rotationskörper werden durch Rundschleifen hergestellt, wobei Schleifscheibe und Werkstück gleichsinnig umlaufen. Wichtig ist die Erkenntnis, daß das Trennschleifen mit schnellaufender dünner Schleifscheibe wirtschaftlicher ist als das Zersägen, besonders bei harten Materialien.

Gartentip

Baronin Ixy von Schwalberwerder kümmerte sich wenig um die Gartenarbeit auf ihren Liegenschaften. Allerdings war sie als Liebhaberin der Natur davon überzeugt, daß ein ideales Blumenbeet nur dann entstehen könne, wenn der Gärtner jene Pflanzen arrangiert, die aufgrund geheimnisvoller Wechselbeziehungen eine symbiotische, von der kosmischen Evolution geförderte Harmonie entwickeln. Ihr botanisches Faktotum, einen gewöhnlichen Menschen namens Loisl Kartuschl, pflegte die Baronin während ihrer eiligen und meistens nur kurzen Besuche im Park von Schwanenaurach zu belehren: »Die ersten Plazentalier traten in der Jurazeit auf. Vorläufer der Primaten, die sich unmittelbar von Insektenfressern ableiten lassen, erschienen im Paläozän. Im Miozän entfalteten sich die echten Affen stärker.«

Reiseführer

Liebewald, 322–380 m über dem Meeresspiegel, ist ein Weiler, der vor allem von derben und einfachen Landwirten bewohnt wird und dem Eindringen moderner Zivilisationserscheinungen bislang hartnäckig Widerstand entgegensetzen konnte. Gerade deshalb lohnt sich ein Besuch (Fahrweg!), weil die Einwohner des Ortes sich nicht scheuen, ihre merkwürdigen Bräuche auch vor den Augen neugieriger Fremder beizubehalten. Als besondere Kuriosität gilt die Gepflogenheit der Liebwalder Burschen, die Kommunikation zum anderen Geschlecht traditionsgemäß mit einem Durchkriechen des Zimmerfensters einzuleiten. Über die Zusammengehörigkeit von Liebe, Wald und Heide siehe auch Walther von der Vogelweides Minnelieder!
Liebewald, Franz (geb. 1948 in Truttelwied): Erfinder des geräuschlosen Blattlochers, des schmerzlosen Haarentferners und des Taschenkamms mit automatischer Zinkenverstellung.
Liebewald, Matthias (1450–1503): Sächsischer Kupferstecher und geschickter Motivdieb im Bereich der bildenden Kunst: bekannt durch seine Vorliebe, die Stiche großer Meister zu kopieren und als eigene Werke unters Volk zu bringen. Gilt als Vorläufer namhafter moderner Künstler.

Goethe-Episode

Bietet man einer Biene während der Dressur beim Anflug und beim Saugen verschiedene Farben an und läßt sie beim nächsten Anflug wählen, so entscheidet sie sich für die Anflugfarbe. Zwischen der Wahrnehmung der Anflugfarbe und der Belohnung durch das Saugen können acht Sekunden und mehr verstreichen. Als Goethe dies mit seiner jedes Frauenherz gewinnenden Stimme kundgetan hatte, senkte Ulrike von Levetzow zwar die tränenschweren Lider, machte sich aber mit dem Gedanken vertraut, dem Genie nicht in die Arme zu fliegen, sondern seinem Werben zu widerstehen.

Steuerpflicht

Vanessa, die Kontakte mit amtlichen Stellen verabscheute, war nicht wenig erstaunt, als der städtische Beamte in ihr Boudoir trat und ihr in wohlgesetzter Rede mitteilte, daß ihr Lebensstil bei der Finanzbehörde nicht nur registriert, sondern auch als vergnügungssteuerpflichtig eingestuft werde. Nicht vergnügungssteuerpflichtig ist Bowling, da es den Leibesübungen zuzuordnen ist. Der VII. Senat des Oberverwaltungsgerichts für Niedersachsen und Schleswig-Holstein in Lüneburg stellte unmißverständlich fest, daß dem Bowling-Sport jeder Ansatz einer spielerischen Lustbarkeit fehle.

Computer-Politik

»Rück näher, Waldemar! Mein Mann ist ein totaler Computernarr. Solange er im ersten Stock die Hotelbuchhaltung erledigt, sind wir garantiert ungestört.«

Aus »Allgemeine Familienzeitung« von 1871, neu getextet von Erich Pawlu

Der Minister zögerte. Aber im Grunde war er nicht abgeneigt, seine Karriere auf eine elektronische Basis zu stellen. »Und Sie garantieren, daß der Computer fehlerfrei arbeitet?«
»Selbstverständlich«, sagte Erwin Kartuschl, der tüchtige PC-Vertreter.
»Wir koppeln Ihren Personal Computer mit einer zentralen Datenbank. Der Mikro auf Ihrem Schreibtisch wertet die Fakten aus und empfiehlt Ihnen die jeweils beste Strategie. Klartext natürlich.«
Der Politiker nickte. »Also gut. Eine elektronische Absicherung meiner Entscheidungen kann nicht schaden. Vielleicht erhebe ich mich mit Ihrer Hilfe wirklich über alle politische Stümperei.«
Der Mikro wurde installiert. Als die Verbindung mit der zentralen Datenbank hergestellt war, hatte der Minister zum ersten Mal das Gefühl, einen politischen Entschluß überragenden Wissens zu treffen.
Tatsächlich war der Computer in der Lage, ein Netz komplexer Fakten blitzschnell zu überblicken, historische und aktuelle Details zu berücksichtigen, die Schwächen in der Persönlichkeitsstruktur von Verhandlungskontrahenten zu analysieren und aus alledem einen leicht faßlichen Schluß zu ziehen. Als der Minister im Zweifel war, ob er in der nächsten EG-Beratung abermals nachgeben oder auf den Tisch schlagen solle, empfahl ihm der Computer klargetextet: »Friedlich bleiben!«
Bisher hatte der Minister die Verhandlungsrunden als höchst unberechenbarer, launischer Gesprächspartner in Schrecken versetzt. Jetzt verwandelten ihn die Chips zum lächelnden, aber sicher auftretenden Diplomaten. Zeitungen begannen seine Ausstrahlung zu würdigen. Die EG-Verhandlungsrunde erzielte kleine, also aufsehenerregende Fortschritte. »Der Computer hat einen Erfolgstyp aus mir gemacht«, sagte sich der Politiker und schaffte sich einen Handheld an, um auch im Jet und an fernen Konferenztischen jederzeit auf seinen elektronischen Ratgeber zurückgreifen zu können. Selbstverständlich benutzte er die bewährte Systemsoftware. Auch der portable Computer schickte ihn ständig mit sanften Ratschlägen oder mit freundlichen Mahnungen in die Konferenzsäle. »Nicht die Geduld verlieren!« meinte der Computer vor einer besonders komplizierten Sitzung mit widerborstigen Repräsentanten befreundeter Staaten.
Schon nach kurzer Zeit erhielt der Minister die schönsten Komplimente von Organisatoren, die sich für eine zivilisierte Politik stark machten. Agenturen meldeten, daß der computer-

gesteuerte Diplomat für den Friedensnobelpreis vorgeschlagen sei. Das Foto des Mannes mit dem besänftigenden Portable ging durch alle Zeitungen. Der Minister befand sich auf dem Höhepunkt seiner Karriere.

Aber sein Ruhm begann das Ansehen von Kanzlern und Präsidenten, von Fraktionsführern und Delegationschefs zu verdüstern. Eine Verschwörung der Neider kam in Gang. Sie warfen dem Minister den Verrat nationaler Interessen und tölpelhafte Nachgiebigkeit vor. Die Gegner arbeiteten auf seinen Sturz hin.

Die Entlassungsurkunde lag schon bereit. Da befragte der bedrängte Politiker eilig seinen Computer. Der Mikro zapfte das Weltwissen zu diesem Fall an, rechnete und resümierte: »Nichts unternehmen!«

Erstmals seit Nutzung des Terminals sah man den Minister toben. Er drosch auf die Tastatur ein, aber der Bildschirm verharrte, ehe er beleidigt erlosch, auf seiner friedfertigen Empfehlung. Der Politiker ließ den Computervertreter kommen und schrie ihn an: »Der Mikro ruiniert meine Karriere. Wie konnten Sie den Computer auf so blödsinnige Friedfertigkeit programmieren, Mann?«

»Ganz einfach«, sagte Kartuschl. »Allzu viele Leute in unserem Lande sind der Meinung, daß Elektronik vor allem in Waffensystemen eine Rolle spielt. Ich wollte beweisen, daß wir mit Computern eine friedliche Politik sichern können. Entsprechend sanft war die Software programmiert.«

»Ich brauche ein anderes System«, knurrte der Politiker.

»Schade«, sagte der PC-Fachmann, legte aber eine neue Diskette ins Laufwerk. »Wenn Sie jetzt das Weltwissen abrufen, zieht der Mikro sofort aggressive Schlüsse.«

»Sehr schön«, sagte der Minister. »Nun werde ich zwar mein Ansehen verlieren, aber dafür behalte ich mein Amt. Jetzt erst dient Ihr Computer höherem Zweck. Sie haben mich von der Nützlichkeit der Mikros überzeugt.«

Computer für einen Tag

Der Direktor strahlte. Der Schulcomputer-Tag erwies sich als großartiger Erfolg. Das Fridolin-Remplein-Gymnasium präsentierte sich der Öffentlichkeit als fortschrittliche Schule. Unüberschaubare Scharen von Eltern schlenderten voller Respekt an Bildschirmen entlang. Stadträte klopften verständnislos, aber wohlwollend auf den Tastaturen herum. Handzettel verkündeten die Absicht, der Neigungsgruppe Informatik am Fridolin-Remplein-Gymnasium künftig eine besonders hohe Bedeutung beizumessen. Elternbeiräte berichteten einem Mitarbeiter des Rundfunks bereitwillig von ihrer Hilfestellung beim Schülersprung ins Land der Chips. Ein Büromaschinenhändler ließ sich vor den Computern unentwegt fotografieren und erläuterte seine dynamische, bis ins Schulzimmer reichende Verkaufsstrategie. Die Lokalzeitung verkündete tags darauf den Anbruch eines neuen Zeitalters, lobte die unerschrockene Zukunftsorientiertheit des Remplein-Gymnasiums und fällte über die computerlosen Schulen der Stadt ein vernichtendes Urteil. Das Fridolin-Remplein-Gymnasium erlangte weithin Popularität.

»Zum Informatikunterricht willst du? Schau mich an Emilie! Ich war immer ein moderner Vater. Aber ich sage dir, Computer sind ebenso überflüssig wie Strümpfe.«

Aus »Sagen und Märchen« von 1887, neu getextet von Erich Pawlu

Im allgemeinen Festtrubel war niemandem aufgefallen, daß computernde Schüler beim Tag der offenen Tür nicht in Erscheinung getreten waren. Bald aber drängte sich eine Gruppe von Mädchen und Jungen vor der Tür des Direktorats und äußerte den Wunsch, in die Geheimnisse der Elektronik systematisch und nach festem Stundenplan eingewiesen zu werden. Aber der Direktor hatte sein Festgesicht bereits abgelegt, dankte den Schülerinnen und Schülern für ihr Interesse, verwies auf den ungebrochenen Reiz des Lateinunterrichts und räumte ein, daß ein ausgebildeter Informatiklehrer vorerst nicht zur Verfügung stehe. Die Situation werde sich aber, wie alles in der Welt, in allernächster Zeit zweifellos zum Guten wenden. Im progressivsten Raum der Schule träumten die Computer still vor sich hin. Der Elternbeirat hatte ein Einsehen und spendete die erforderlichen Staubschutzhüllen. Immerhin belebten die Systeme des Fridolin-Remplein-Gymnasiums, während sie besseren Zeiten entgegenschlummerten, die Verlautbarungen des Statistischen Landesamtes: Aus der Zahl der landesweit registrierten Computer ließ sich errechnen, daß jeder Schüler eine hübsche Chance hatte, mit elektronischem Rüstzeug in die Zukunft zu schreiten.

Vielleicht hätten die Geräte für die nächsten hundert Jahre das Schicksal Dornröschens geteilt. Ehe aber undurchdringliche Dornhecken den Computerraum umwuchern konnten, schrieb ein Elektronikkonzern einen internationalen Schülerwettbewerb für Informationsaufgaben aus. Der Hauptpreis hätte ausgereicht, am Fridolin-Remplein-Gymnasium die Sehnsucht der altphilologischen Fachschaft nach Erneuerung der wissenschaftlichen Literatur zu stillen. Da regte sich im Direktorat neuer Ehrgeiz.

»Wozu haben wir eigentlich die Computer?« fragte der Schulleiter seinen Stellvertreter rein rhetorisch und rief jene elektronikhungrige Schülerschar zusammen, die sich schon einmal vor seiner Tür gedrängt hatte. Die Freaks wußten, was sie ihrem Chef schuldig waren. Sie beteiligten sich an dem Wettbewerb, indem sie die »Aeneis« von Vergil einer elektronischen Analyse unterzogen.

Die jungen Leute speicherten Teile des Kolossalwerks in die Computer ein, errechneten den enormen Wortschatz des hehren Autors, zogen Passagen aus Homers »Odyssee« heran und kamen durch computergeschützte Textvergleiche zum Ergebnis, daß Vergil kein Plagiator, sondern ein origineller Kopf sei, dessen Werk die ungeteilte Beachtung des modernen Schülers verdiene.

Jetzt begann der Direktor des Fridolin-Remplein-Gymnasiums an den tieferen Sinn der Computertechnik zu glauben. Als schließlich seine Schüler bei dem internationalen Wettbewerb einen Preis erlangten, der zumindest die wesentlichen Bedürfnisse der altphilologischen Fachschaft zufriedenstellte, wurden die Staubhüllen von den Schulcomputern endgültig entfernt.

Bekanntlich lassen Wunder sehr häufig weitere Wunder folgen. Am Fridolin-Remplein-Gymnasium traf plötzlich ein voll ausgebildeter Informatiklehrer ein, der seine Schüler zu systematischer Arbeit an den Schulcomputern anleitete. Der Schulleiter ließ Toleranz walten, obwohl sich die Neigungsgruppe Informatik mit der im Grunde überflüssigen Frage beschäftigte, wie mit Hilfe eines Computers Geheimsprachen entschlüsselt werden können.

Publikationshinweis

Die Prosatexte dieses Buches wurden vor allem in den Computerfachzeitschriften »PC-Magazin« und »micro«, zum Teil auch in den Tageszeitungen »Die Welt«, »Frankfurter Rundschau«, »Mannheimer Morgen«, »Neue Zürcher Zeitung« und »Süddeutsche Zeitung« erstveröffentlicht. Die Gedichte wurden vom Süddeutschen Rundfunk in der Reihe »Fröhliche Stunde aus Heidelberg« ausgestrahlt.

Faszination Programmieren

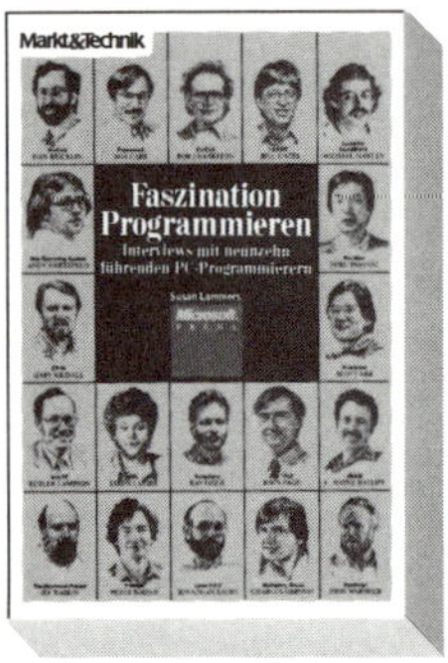

S. Lammers
Faszination Programmieren
1987, 430 Seiten
»Faszination Programmieren« ist eine Sammlung aufschlußreicher Interviews mit neunzehn namhaften Programmierern unserer Zeit.
Die Interviews bieten einen Einblick in die Karriere jedes einzelnen, beinhalten Programmskizzen und Quellcode-Beispiele, beleuchten die Motivation und die Programmierbedingungen und schildern nebenbei die Geschichte der Mikrocomputerindustrie. Sie erfahren dabei, wie erfolgreiche Programmierer an ihre Aufgabe herangehen, ob Programmieren eine intuitive oder erlernte Fähigkeit ist, welche Entwicklungsmethodik Programmen wie VisiCalc, Microsoft Basic oder Lotus den Erfolg gebracht haben, die Hintergründe der Entstehung von Firmen wie Lotus, Apple, Xerox, PARC und Microsoft und vieles mehr.
Best.-Nr. 90418
ISBN 3-89090-418-1
DM 49,–
(sFr 45,10/öS 382,20)

P. McCorduck
Denkmaschinen
1987, 344 Seiten
»Elektronengehirn«, so lautet eine alte, volkstümliche Bezeichnung für den Computer. Elektronengehirne waren noch raumfüllende Maschinen, und ihre »Intelligenz« hielt sich in engeren Grenzen als die eines heutigen Heimcomputers. Trotzdem haben die Computer vom Anfang ihrer Entwicklung an den Ruf gehabt, intelligent zu sein. Dieses Buch erzählt die Geschichte dieser »Denkmaschinen«, die Geschichte der »künstlichen Intelligenz«. Die Autorin, Journalistin und Schriftstellerin, hat viele der wichtigsten Persönlichkeiten dieser Geschichte interviewt.
Best.-Nr. 90419
ISBN 3-89090-419-X
DM 49,–
(sFr 45,10/öS 382,20)

K. Kupfernagel
Computer – die leisen Eroberer
1986, 269 Seiten
Vor wenigen Jahren nur für wenige zugänglich - heute schon beinahe eine Selbstverständlichkeit: der Computer. Was wissen Sie eigentlich über Computer? Kennen Sie seine Möglichkeiten und seine Funktionen? Wissen Sie, was er nicht kann? Haben Sie auch gehört, daß er uns geistig überlegen sein soll? Stehen Sie schon in einer Datenbank und wissen es gar nicht? Was ist eigentlich eine Datenbank? Und, und, und. Wenn Sie sich diese und noch mehr Fragen stellen, dann ist das Buch »Computer - die leisen Eroberer« genau die richtige Informationsquelle für Sie.
Best.-Nr. 90179
ISBN 3-89090-179-4
DM 14,80
(sFr 13,60/öS 115,44)

E. Pawlu
Wenn der Computer Geschichten macht
1986, 163 Seiten
Millionen Zeitungsleser kennen und schätzen Erich Pawlu, der die Entwicklungen in der Computertechnik mit Humor und Scharfblick verfolgt. Seine ständige Kolumne im PC-Magazin hat einen wachsenden Freundeskreis gefunden. Sein Buch »Wenn der Computer Geschichten macht« überträgt die Freuden und Probleme des elektronischen Zeitalters in amüsante Geschichten. Mit hintergründiger Satire verfolgt er die Veränderungen und die Möglichkeiten des Komischen, die durch die neuen Computer in unserer Umwelt und in unseren Köpfen entstehen. Einen besonderen Reiz bezieht dieser Band aus den nostalgischen Bildern, die mit »modernisierten« Bildtiteln einen zusätzlichen humorvollen Akzent setzen.
Best.-Nr. 90378
ISBN 3-89090-378-9
DM 24,80
(sFr 23,–/öS 193,40)

711386

Markt&Technik
Zeitschriften · Bücher
Software · Schulung

Markt&Technik-Produkte erhalten Sie bei Ihrem Buchhändler, in Computer-Fachgeschäften oder in den Fachabteilungen der Warenhäuser.

Markt&Technik Verlag AG, Buchverlag, Hans-Pinsel-Straße 2, 8013 Haar bei München, Telefon (089) 4613-0

Bitte schneiden Sie diesen Coupon aus, und schicken Sie ihn in einem Kuvert an:
Markt&Technik Verlag AG, Buchverlag, Hans-Pinsel-Straße 2, 8013 Haar

Computerliteratur und Software vom Spezialisten

Vom Einsteigerbuch für den Heim- oder Personalcomputer-Neuling über professionelle Programmierhandbücher bis hin zum Elektronikbuch bieten wir Ihnen interessante und topaktuelle Titel für

• Apple-Computer • Atari-Computer • Commodore 64/128/16/116/Plus 4 • Schneider-Computer • IBM-PC, XT und Kompatible
sowie zu den Fachbereichen Programmiersprachen • Betriebssysteme (CP/M, MS-DOS, Unix, Z80) • Textverarbeitung • Datenbanksysteme • Tabellenkalkulation • Integrierte Software • Mikroprozessoren • Schulungen.
Außerdem finden Sie professionelle Spitzen-Programme in unserem preiswerten Software-Angebot für Amiga, Atari ST, Commodore 128, 128 D, 64, 16, für Schneider-Computer und für IBM-PCs und Kompatible!
Fordern Sie mit dem nebenstehenden Coupon unser neuestes Gesamtverzeichnis und unsere Programmservice-Übersichten an, mit hilfreichen Utilities, professionellen Anwendungen oder packenden Computerspielen!

Markt&Technik
Zeitschriften · Bücher
Software · Schulung

709005

Markt&Technik Verlag AG, Buchverlag, Hans-Pinsel-Straße 2,
8013 Haar bei München, Telefon (089) 4613-0

Adresse:

Name ______

Straße ______

Ort ______

Bitte schicken Sie mir:
☐ Ihr neuestes Gesamtverzeichnis
☐ Eine Übersicht Ihres Programmservice-Angebotes aus der Zeitschrift ______

☐ Außerdem interessiere ich mich für folgende/n Computer: ______

(PS: Wir speichern Ihre Daten und verpflichten uns zur Einhaltung des Bundesdatenschutzgesetzes)

Markt&Technik Verlag AG
– Unternehmensbereich Buchverlag –
Hans-Pinsel-Straße 2
D-8013 Haar bei München